中国社会科学院老年科研基金资助

中国社会科学院老学者文库

中国人口政策效应评价与调整思路（1949—2000年）

战 捷◎著

中国社会科学出版社

图书在版编目（CIP）数据

中国人口政策效应评价与调整思路：1949—2000 年／战捷著．
—北京：中国社会科学出版社，2018.6

（中国社会科学院老学者文库）

ISBN 978 - 7 - 5203 - 2444 - 1

Ⅰ.①中…　Ⅱ.①战…　Ⅲ.①人口政策—研究—中国—
1949 - 2000　Ⅳ.①C924.21

中国版本图书馆 CIP 数据核字（2018）第 091082 号

出　版　人	赵剑英
责任编辑	王　琪
责任校对	王佳玉
责任印制	戴　宽

出　　版	中国社会科学出版社
社　　址	北京鼓楼西大街甲 158 号
邮　　编	100720
网　　址	http：//www.csspw.cn
发 行 部	010 - 84083685
门 市 部	010 - 84029450
经　　销	新华书店及其他书店

印刷装订	北京君升印刷有限公司
版　　次	2018 年 6 月第 1 版
印　　次	2018 年 6 月第 1 次印刷

开　　本	710×1000　1/16
印　　张	13
插　　页	2
字　　数	165 千字
定　　价	58.00 元

凡购买中国社会科学出版社图书，如有质量问题请与本社营销中心联系调换
电话：010 - 84083683

目　　录

导　　论

一　研究概述

本书主要研究了 1949—2000 年中国人口与生育政策发生发展的历史轨迹，并以翔实的资料、数据和方法论证了生育政策对人口发展的影响。本书将 50 年按照不同时期执行的不同人口政策划分为 11 个阶段或分期，这是我们研究的基础。通过分期告诉人们这 50 年的人口政策是什么、执行的结果又是怎样的、现实中出现了哪些人口问题。本书涵盖五部分内容。

（一）人口、生育政策的回顾与评价

本书以翔实的文献资料为依据，研究评价不同时期人口、生育方面的相关政策对人口控制产生的影响。历史是一面镜子。以史为鉴，鉴往知来，才有可能对人口政策在人口控制中的作用做出实事求是的评价。我们采用文献法，结合不同时期形成的人口政策及人口变动，特别是重大人口、生育政策的提出与实施，对历史事件进行了深入细致的分析研究，然后提出我们的看法。同时，我们从学术研究的角度，对过去不能直接面对的个别政策也做出了客观的评价，这是本书研究的独到之处。沿着这一变化趋势画出一条人口变动曲线，可以清楚地看到，任何一项人口政策

的提出都对人口变动产生过特定的影响，而且呈现一定的规律性。根据这一事实，得出初步结论：中国生育率快速下降主要是政策影响的结果。对这个定性分析结论，我们又做出了定量分析。为了验证政策对生育率的影响强度，我们邀请了国内 52 名人口学专家和计划生育工作者，采用德尔菲法（专家打分）为人口政策影响生育率的强度进行评估。这一大胆的尝试在国内尚属首次。其分析结果与我们的上述结论基本一致。同时，此调查结果也为下一步的定量分析提供了政策替代变量。

（二）生育率影响因素分析

影响生育水平下降的因素有很多，要想较为准确地讨论各种影响因素的重要性和重要程度，即定量化的结论，必须在定性分析的基础上，正确运用恰当的统计分析手段。

在文献综述的基础上，考虑到数据的可得性，我们选择了影响生育率的主要因素——人口政策、人均 GDP、受教育程度、期望寿命及城市化水平作为解释变量，采用动态建模技术建立了生育率误差修正模型。将动态建模技术用于人口研究领域也是本书的大胆尝试。此方法可以有效避免伪回归，统计分析更精确，因而为研究得出可靠的结论提供了技术支持。

模型拟合的结果，较为清晰地勾画出了我国生育率受多元因素影响下降的过程。结论如下：

（1）大力开展计划生育工作对有效遏制我国人口过快增长起到了决定性作用。

这一点与绝大多数学者及长期从事计划生育的工作者的看法极为吻合。

（2）经济发展水平在我国生育率下降过程中起到了间接的推动作用。经济发展推动卫生、教育事业发展和改善人民生活、影响生育率下降，是客观的、渐进的、长期的。50 年间，中国经济远没有达到足以使生育率自然下降的水平。究竟经济发展到什么水平生育率才会自然下降，这是非常值得研究的新课题。

模型模拟的结果表明，由于计划生育工作的开展，1971—1998年我国少出生了2.7亿人口，与国家计生委所做的研究（3.38亿）十分接近。

综合上述研究可以判断，既然在中国的人口转变过程中，人口、生育政策起着直接的、决定性的作用，那么未来的人口变动应该用什么样的政策加以干预，使其不突破人口发展总目标并有利于解决人口控制中出现的问题，就是中国人口发展的重大战略抉择。可以肯定，人口生育政策的选择和执行，对未来人口发展是十分重要的。

（三）　政策生育率的选择与未来人口预测

政策生育率是指在政策允许范围内的生育率。简单地说，允许生几个孩子与实际生育率不能等同。我们之所以关注政策生育率，正是因为人口、生育政策对生育率下降的影响起主要作用。只有当中国具备了生育率自然下降的经济社会条件时，政策对生育率的作用才会不存在。由此可见，政策生育率对未来人口变动至关重要。中国人口预测是随着人口发展、计划生育工作的需要建立起来的，人口预测可使人们预见未来人口发展趋势，为未来人口发展、计划生育工作决策提供依据。

本课题组基于人口预测经验，利用1982年、1990年和2000年三次人口普查资料，国家人口计生委有关专项调查资料，采用了两种生育方案进行预测。

第一种方案是总和生育率为1.68（2001年统计公报）的水平保持不变；到2010年增加到2.04；2011—2100年保持2.04不变。

第二种方案是采用参考意愿为2.04,① 假设总和生育率增至2.04 的水平保持不变。

根据我们的预测,在不考虑多胎的情况下,即使允许夫妇双方生育两个孩子,到2050 年总人口也只有15 亿多,不会突破人口总目标。所以,允许夫妇双方生育两个孩子的政策选择是可行的。当然,这是政策生育率,应努力避免多胎生育的出现。而如果现行生育政策不调整,未来性别比偏高、人口年龄结构老化等若干问题,可能对未来经济社会发展产生非常不利的影响,由此应该把控制人口数量和解决人口控制后产生的问题放在同等位置。基于这一看法,我们对现行人口政策的继续完善提出了建议。

(四) 对策与建议

根据我们的研究和预测结果,我国长期执行低生育政策,虽然遏制了人口过快增长的势头,但同时也带来了人口结构失衡等诸多社会问题,有必要通过调整生育政策逐步加以解决。课题组一致认为,人口数量可调整的空间是存在的,群众也有需求,政策调整的客观条件已经具备。但什么时间调整、如何调整要从国情实际出发,综合考虑政策调整的可行性,选择符合我国实际的调整方式。

要“紧的合理、放的有序”,保持人口与经济社会协调发展。人口政策不允许失误,否则造成的后果将无法挽回。

二　研究框架

本书旨在对新中国成立至2000 年半个世纪内人口、生育政策

---

① 之所以采用2.04 作参数,是因为参考了国家计生委宣教司“2002 年城乡居民生育意愿调查”的结果,意愿生育率为2.04。它是在一定的经济、社会和文化因素影响下,人们对终身生子女数的期望和需求。它既能反映理想生子女数,又能找出生育意愿与政策生育率之间的差额,有利于确定政策。

的形成与实施过程，从理论与实践两个方面进行回顾考证和分析研究，并探索研究生育率下降到更替水平以下的主导原因。课题研究框架如下。

（一）运用文献法对人口政策做出回顾与评价

人口、生育政策是我们研究的起点和基础。首先是对新中国的人口、生育政策进行历史回顾和考证，以翔实的文献资料为依据，展现不同历史时期国家的重大决策及领导人的重要讲话。只有在尊重历史的前提下，才有可能对人口、生育政策在人口控制中的作用，做出确切评价。我们采用历史事件分析法，分析不同时期形成的人口、生育政策及其对应时期的人口变化。沿着这一变化趋势画出一条人口变动曲线，即可清晰地看到任何一项人口、生育政策对特定历史条件下人口发展的速度均产生了特定的影响，而且呈现一种规律性。这一认识能否成立是本书研究的重点，我们力求在研究中给出检验、求证的依据。

人类之所以对其自身的发展产生兴趣、倍加关注，其根源就在于人口与经济社会发展有着复杂的相互制约关系。这种关系在不同时期有着不同的内涵和形式：当人口制约生产力、经济发展时，人口必然居于主导地位。这时候的决策者更多的是思考如何使人口适应社会经济的发展，谋求运用有效的人口政策杠杆加以调整，化解人口压力，变阻力为动力。同样，当经济发展压迫人口、需要大量活劳动供给时，经济发展必然居于主导地位。这时候的决策者更多地关注社会经济发展，制定有利于人口增长的政策，以达到发展经济、改善劳动供给的目的。实践证明，人口与发展向来是同一天平上的两个砝码，无论是人口政策还是社会经济政策，都在发展中寻求平衡点。通过不同时期的政策调整，实现其更高层次上的协调发展。

我国历史上形成的人口超经济发展，使我们备受穷困之苦。

（2）必须在认清我国未来人口发展形势的框架内，预测政策调整的可行性。不能脱离实际，特别是人口发展的实际。人口过多仍然是我国的首要问题，未来几十年人口数量还将持续增长，预计年均净增1000万人以上；人口素质不高的状况在短期内难以根本改变；劳动就业压力进一步加大；人口老龄化问题更加突出；人口与经济、资源、环境之间的矛盾依然尖锐。面对这样的人口形势，不能掉以轻心，人口、生育政策更不允许失误，否则，其失误后果无法挽回，后人将指责我们弱智无能。

（3）本课题组建议调整"提倡一对夫妇只生育一个孩子"的政策。对于综合治理人口的其他相关政策丝毫不可放松，因其是允许生育两个孩子政策实施的保证，也是政策进行调整的根本性原则。

（4）政策调整可以采取"软着陆"方式，即分地区、逐步放开生二胎政策。例如，上海、吉林、辽宁、江苏等省、市人口自然增长率都在3‰左右，可以率先实行调整方案，以免出生人口大起大落，有利于缓解人口老龄化的冲击，避免人口年龄、性别、家庭结构畸形发展所带来的诸多社会问题。

上述建议，是我们依据研究结果提出的，是否可行、能否调整，只能做研究参考。

三　人口政策评价理论、方法
和实践的统一

任何理论都是应实践需要而产生的。理论的功能就在于能够解释该领域所发生的现象，向人们提供判断真伪、辨明是非的原则，以适应指导实践。20世纪初，西方国家率先实现了人口类型的现代转变。近百年的人口转变过程及其呈现出来的复杂社会关系和现象，迫切需要在理论上做出合理的解释。所以，西方人口理论率先步入殿堂，形成一整套理论和方法，为世界各国的人口发展和理论研究提供借鉴。发展中国家由于人口问题的速变性和普遍性，更需要人口理论的指导。许多学者开始运用西方人口理论及研究方法，解释、分析发展中国家的人口问题，进而出现了理论与实践的悖论，因为发展中国家的人口转变、人口问题不同于西方国家。对中国的人口转变、复杂的社会关系及人口问题的理论解释，我们归纳为两种：一种是用西方人口理论阐述；另一种是基于对中国人口现象的分析来论证、解释中国的人口问题。前者具有理论依据，但不能完全切合中国的人口实践；后者能够说明、解释人口现象但缺乏系统的理论支持。这说明，发展中国家的人口理论需要升华、创新和不断完善，形成能够解释经济不发达国家为何能在短短二十几年的时间里将生育率快速降下来的理论体系。已有学者提出"制度人口学"，即针对与制度和政策有关的现代和未来人口问题，努力为改进这些制度和政策提出建议。

　　课题组在回顾、分析50年人口发展的进程中认识到，影响生育率快速下降的因素是多元的。课题组筛选出计划生育政策、经济发展水平、受教育程度、死亡水平以及城市化水平等作为解释变量，对总和生育率的变化进行了分析。鉴于生育政策对生育水平的影响很难与其他影响因素分离开来，所以以往研究得出的结论往往引起争议。尽管学术界对生育政策影响我国生育水平的程度持不同看法，但对生育政策是我国生育水平影响因素之一并无任何异议。问题的难点在于，如何将生育政策影响生育水平进行量化分析。本书在研究中尝试采用德尔菲法（专家打分）对生育政策强度进行量化，而用此变量分析生育政策对我国生育水平的影响就科学、便捷得多了。模型运作的结果显示，在多因素中，政策因素起主导作用，经济、文化等因素为辅。这说明，发展中国家在经济社会尚未达到现代化的条件下，同样可以实现低生育率水平和人口再生产类型的转变，而不是尾随于现代化。西方学界公认的。

我们探讨人口和生育政策在生育率下降过程中的作用，最终目的是认清我国人口未来的发展趋势。也就是说，我国人口是否已经进入发达国家出现的"后人口转变"时期，是否达到了自然生育的发展时期，人口是否还需要政策加以控制与调整，如果需要继续运用生育政策加以调整，又是需要什么样的生育政策，这些问题确实需要我们以科学、冷静的头脑来应对，否则又将吞下人口失控的苦果。

我国通过生育政策调整，到 20 世纪 90 年代末，人口已经进入低出生、低死亡和低增长发展初期，对此，人口学家做了许多探讨和研究，政府也十分关注人口现状及问题。2003 年 2 月，中共中央、国务院《关于加强人口与计划生育工作　稳定低生育水平的决定》中指出："人口问题是社会主义初级阶段长期面临的重大问题，是制约我国经济和社会发展的关键因素。控制人口数量，提高人口素质，是实现我国社会主义现代化建设宏伟目标和可持续发展的重大战略决策。"这是关系我国未来人口发展态势及总体战略决策的重大政务。

"中国未来人口发展与生育政策研究课题组"于 2000 年发表的《中国未来人口发展与生育政策研究》一文提出："我们得出明确的结论：我国人口转变过程在 20 世纪 90 年代末已经完成，开始步入后人口转变时期。"文中提出："我们可以根据两个指标判定人口转变是否完成：一是生育水平是否降到更替水平以下（TFR≤2.1）；二是人口出生时的平均预期寿命是否达到或高于规定的老年人口年龄下限，即 65 岁。"① "后人口转变"是西方人口转变论的基本观点。但该理论判定人口转变完成的指标值得商榷。西方人口学者没有将死亡率当作判定人口转变完成的指标，然而

---

① 此文载《人口研究》2000 年第 5 期。

这一指标恰恰是人口转变的重要标志。在这里我们想要阐明两种观点：一是中国人口转变仍在进行，即使选用"三低"指标与西方实现人口转变的国家做类比，中国的"三低"指标不仅没有达到低位均衡状态，而且易变动，说明中国人口仍处于转变之中；二是中国人口转变即使已经完成，人口发展仍然需要政策调节。"无论是西方学者还是中国学者都认为，中国生育率下降的主导因素是计划生育政策，占60%—70%。"① 在我们的课题研究中，政策因素约占50%，其他因素如经济、社会、文化等，也对生育率的下降起着重要的作用。许多学者在研究中提到，西方国家的人口转变用了上百年的时间，而中国人口的快速转变充其量只用了二十多年。这需要我们思考，中西方实现人口转变时间反差之大的原因是什么？目前我们能够取得共识的判断指标，有社会经济发展对生育行为选择的影响、文化因素（含受教育程度）对生育观念的影响、政策约束对生育行为的制约几项。但是，由于三种因素对生育影响的方式不同，所以，其影响强度和影响结果也不同。就经济而言，由于社会经济发展水平的提高，医疗卫生条件不断得到改善，全民受教育程度也在不断提高，必然导致人们生活方式和生育观念的转变。文化因素也是影响生育选择的重要因素。文化因素一方面来自本土传统文化的影响，如"传宗接代、养儿防老"等观念；另一方面来自外来文化的影响，如"妇女解放""男女平等""不生育文化"等。这些文化观念认同的结果必然影响生育的选择，但影响过程也是缓慢的。生育政策对人们生育行为的约束是"现得利"，即只用了二十多年的时间，大大缩小了生育选择的时空。只要政策生育率给定了，生育数量和人口增长趋势基本与政策约束一致。这种控制力显然比其他因素的要大得多，且时间短、收效快。因为政策、制度因素具有法律效应，

---

① 翟振武等：《稳定低生育水平：概念、理论与战略》，《人口研究》2000年第3期。

这不容置疑。假如抛开政策因素的影响，中国的经济是否已发展到足以使生育率自然下降的水平？中国 20 世纪 80 年代正值改革开放，人均 CDP 只有 460 元，人均消费只有 235 元。这种经济水平产生不出生育率自发并快速下降的动力。

从战略角度来看，中国人口转变及其带来的问题，是否可以用"七分喜三分忧"来评价？"两利权衡取其大，两弊权衡取其小。"快速转变及其带来的问题，是利大于弊的。是故，我们经过分析研究提出了生育政策调整的建议。

根据研究和预测结果，我们认为政策调整的客观条件是具备的，人口数量可调整的空间是存在的，群众也是有需求的，但是什么时间调整、如何调整，要从我们的国情实际出发，综合地、全方位地考虑政策调整的可行性。

四　研究的局限性

我们深感课题研究难度很大。尽管近年来许多学者对生育率影响因素做了许多非常有价值的研究，但基本上都是采用截面数据进行的单因素分析和探讨，无法全面论证新中国成立以来人口政策对生育率的影响。到目前为止，没有人对跨越 50 年的人口政策对生育率的影响做过连续的定性与定量研究。首先，本研究遇到的难点就是时间序列数据难以收集选择，特别是政策变量难以找到。我们曾经设想用避孕率作为政策替代变量，但遗憾的是无法获得避孕率的时间序列数据。为此，经过反复讨论，确定用"专家打分"法获得政策变量。从方法论评价，"专家打分"是可行的，但不是最好的。其次，由于我们关注的是对 50 年生育率影响因素进行时间序列分析，所以对于不能获得时间序列的数据没有纳入我们的分析研究之中，有待今后能有更多的学者进行更深入的研究，以弥补我们研究之不足。

第 一 章

人口与计划生育政策
分期研究

人口、生育政策是一个国家社会经济政策体系中的重要组成部分，人口再生产关系着经济发展、社会进步、资源合理利用和生态环境良性循环。在以人为本的当今社会，各个国家都力求制定符合本国实际的、反映客观规律要求的人口、生育政策。我国的人口、生育政策，是根据社会经济发展需要和人口与社会经济的比例关系制定的。其内容涵盖干预、调节和影响人口数量、人口素质、人口构成、人口分布等的法令、措施、方法和手段。本书所讲的人口与生育政策，是指党和国家颁布的法令、措施以及领导人重要讲话的总和。

一　人口休养生息时期
（1949—1953 年）

1949—1953 年，党和政府没有提出明确的人口、生育政策。"1949 年以后的最初几年间，中国人民需要用很大的努力来完成民主革命阶段留下的任务"[1]，巩固人民政权、恢复经济建设和休

---

[1]　周恩来：《光辉的十年》，人民日报出版社 1959 年版，第 38 页。

养生息。通过一系列社会和经济的成功变革,人民从长期战乱的状态转入生活安定状态。我国延续数千年的封建土地制度彻底废除了,建立起农民土地所有制。农民翻身做了主人,生产积极性大为提高,为发展生产和夯实国家工业化基础铺平了道路;国家财政经济的根本好转,有力地巩固了工农联盟和人民民主专政。

1950 年 4 月 13 日,中央人民政府颁布了新中国第一部《婚姻法》,彻底废除了封建主义的包办婚姻和一夫多妻制,实行婚姻自由和一夫一妻制。

同一时期,被封建生产关系束缚的生产力得到了解放,农业生产迅速得到恢复和发展。1952 年粮食产量达到 1.6 亿吨,比 1949 年增长了 42%。在城镇,220 万工人重新获得就业机会,1952 年全国职工人数达到 1580.4 万人,比 1949 年增长了 102.6%。随着生产的发展,人民生活水平得到改善,也为生存和生育创造了良好的社会环境。①

在一个落后的农业国,受封闭的、自给自足的经济条件和传统观念根深蒂固的影响,人们必然会固守早生多育的习俗。我国人口增长进入"快车道",由 1949 年年底的 54167 万增加到 1952 年的 57482 万,每年平均增加 1100 多万人,年平均增长速度为 20‰,超过任何历史时期的平均水平。同期,死亡率快速下降,由 20‰下降到 17‰。为此,《人民日报》1951 年 3 月 8 日报道:"目前北京市托儿所数量距离需要甚远,建议各机关普设托儿所。"

关于超常人口发展的原因,社会上一般认为,是新中国成立初期党和政府鼓励人口增长。其实,这不符合历史事实。在当时的历史条件下,不可能提出明确的人口生育政策。遍查历史文献资料,除对少数民族外,没有发现党中央和政务院签发过任何鼓励人口增长的文件。那么,为什么会形成广为流传的社会认识呢?

---

① 《职工队伍不断壮大》,载国家统计局编《伟大的十年》,人民出版社 1959 年版,第 159 页。

我们通过对诸多史料的研究，认为有以下几点原因。

其一，毛泽东说过："中国人口众多是一件极大的好事。再增加多少倍人口也完全有办法，这办法就是生产。""世间一切事物中，人是第一个可宝贵的。在共产党领导下，只要有了人，什么人间奇迹也可以造出来。"① 对毛泽东的论述，应当用历史唯物主义的观点评价。新中国成立在即，美国国务卿艾奇逊发表了题为《美国与中国的关系》白皮书，不少篇幅涉及中国的人口问题："中国人口在十八、十九两个世纪里增加了一倍，因此使土地受到不堪负担的压力。人民的吃饭问题是每个中国政府必然碰到的第一个问题。一直到现在没有一个政府使这个问题得到了解决。"② 显然，美国政界将人口多视为中国贫穷、落后以致产生革命的终极原因。毛泽东一针见血地指出："白皮书是一部反革命的书，它公开地表示美帝国主义对于中国的干涉。"③ 基于当时的历史背景和外交斗争的客观需要，毛泽东才说了前面所引的两段话。毛泽东的言论是对"人口决定论"的有力批驳，给正在站起来的中国人民以极大的鼓舞，并不说明他主张增加人口。

其二，"一边倒"和学习苏联的人口理论。新中国成立前夕，毛泽东根据第二次世界大战以后国际局势分成以苏联为首的社会主义阵营和以美国为首的资本主义阵营，明确提出："我们在国际上是属于以苏联为首的反帝国主义战线一方面的，真正的友谊的援助只能向这一方面去找，而不能向帝国主义战线一方面去找。""一边倒，是孙中山的四十年经验和共产党的二十八年经验教给我们的，深知欲达到胜利和巩固胜利，必须一边倒。"④

① 《唯心历史观的破产》，《毛泽东选集》第四卷，人民出版社1991年版，第1401页。
② 同上书，第1399页。
③ 《为什么要讨论白皮书》，《毛泽东选集》第四卷，人民出版社1991年版，第1362页。
④ 《论人民民主专政》，《毛泽东选集》第四卷，人民出版社1991年版，第1389页。

　　"一边倒"的外交方针启动了全面向苏联学习的实践，学习内容不只限于经济、教育、科学技术和意识形态诸方面，也涉及人口理论和人口政策。苏联理论界提出："人口不断迅速增加，人民物质福利水平很高，患病率和死亡率很低，同时有劳动能力的人得到充分而合理的利用，这就是社会主义的人口规律的实质。"[①] 1944 年，苏联最高苏维埃主席团颁布法令，旨在扩大国家对孕妇、多子女母亲和单身母亲的帮助，强化对妇女儿童的保护。为此，国家设立了"英雄母亲"荣誉称号。20 世纪 50 年代初，我国也有人主张奖励"英雄母亲"。这些曾经占领思想和舆论阵地的外来理论，影响深远，在人口问题上，形成了"一边倒"的强大误导。

　　其三，相关政策的负面影响。为尽快恢复经济建设，提高人民生活水平，人民政府采取了一系列重大的民主改革和整顿措施，有些政策客观上起到了刺激多生育的作用。例如，实行土地改革，按家庭人口分配土地，每多生一个孩子就多给一份土地；城市采取低工资、多就业的方针，逐渐形成"大锅饭""铁饭碗"的现象；生活资料分配，照顾多子女家庭，对多子女的国家职工给予补助，按家庭人口分配住房，工资制度实行供给制和工资制并存，100 万元国家干部的生活费由财政包下来；企业给予生育子女的夫妇一定津贴，对生育双胎或多胎者给予奖励；《中华人民共和国婚姻法》规定，废除包办、强迫、男尊女卑、漠视子女利益的封建主义婚姻制度，实行男女婚姻自主、一夫一妻、男女权利平等、保护妇女和子女合法利益的婚姻制度，取缔旧社会的丑恶现象，严格限制绝育术和人工流产；思想理论上误认为人口迅速增长是社会主义制度优越性的表现；等等。

　　其四，意识形态变革的滞后性。新中国脱胎于半殖民地半封

————————

① ［苏联］苏联科学院经济研究所编：《政治经济学教科书》［修订第三版（普及版）下册］，人民出版社 1959 年版，第 954 页。

建社会，社会制度虽然发生了革命性的转变，但是意识形态和文化习俗具有相对独立性，不会随着社会制度的变革而变革。受其影响，广大人民群众的生育观念，基本上还囿于封建意识的范围里，多生育、重男轻女的意愿非常强，为此，推行节制生育尚有待群众的觉悟，是一个长期而艰难的过程。

中华人民共和国成立初期，中央人民政府同意卫生部限制节育和人工流产的政策，主要是基于以下两点考虑：其一，旧中国妇女儿童地位低下，生活条件差，婴儿死亡率高达 200‰—300‰，有的年份或地区更高。为此，党和政府将保护妇女儿童的健康放在第一位，列为妇幼卫生工作的中心任务。其二，限制节育和人工流产是基于当时医疗卫生和技术设备的条件，旧中国妇幼卫生工作极为落后，遗留的医疗设备和技术水平相当差，客观条件不允许大范围开展节育和人工流产，为保护妇女健康，只能加以限制。另规定，"药房出售节育药具，须向当地卫生主管机关呈报核准。……凡违反本条规定之药房，卫生主管机关得予以适当处分"。[①]

可见，卫生部提出限制节育和人工流产的政策，是当时社会、政治、经济条件下的必然产物。

1953 年邓小平同志已经预感到人口过快增长问题，8 月指示卫生部改正限制节育、禁止避孕药和用具进口的做法，并敦促抓紧下发《避孕及人工流产办法》。事实证明，邓小平同志对人口问题有远见卓识。当时的人口形势已不容乐观。1949—1953 年，总人口由 54167 万人增加到 58796 万人，出生率由 36‰上升到 37‰，年均增长率为 20.71‰，总和生育率（TFR）为 6 左右。

为召开全国人民代表大会，做好选民登记工作，并为国家的经济、文化建设提供确实的人口数字，1953 年 4 月 3 日，中央人民政府政务院颁布"全国人口调查登记"的办法，确定 1953 年 7

---

① 　彭珮云主编：《中国计划生育全书》，中国人口出版社 1997 年版，第 59 页。

月 1 日为调查时点。这一年也是我国第一个"五年计划"的开始年。

二　提倡节制生育时期
（1954—1957 年）

　　1953 年我国进行了首次人口普查，结果显示，全国总人口已突破 6 亿大关。由于人口出生率的提高和死亡率的迅速下降，人口自然增长率高达 23‰，比中华人民共和国成立前提高了 1.5 倍，暴露了过大的人口基数同经济发展的矛盾。主要表现为如下两点：一是耕地面积与庞大的农业人口的矛盾。1952 年农业人口平均占有耕地 3.29 亩，每年新增加农业劳动力 450 万人，只有每年新开垦 2925 万亩耕地，才能保持这个人均耕地水平。而 1950—1954 年应开荒 14652 万亩，实际第一个五年计划（1953—1957 年）期间仅开荒 3868 万亩，远远不能适应新增加农业劳动力的需求。二是城市人口就业问题。当时按保守估计，城镇每年安排 150 万人就业，每个工人装备费按 1.3 万元计算，需要 195 亿元。这对当时薄弱的积累水平来说，是一笔巨大的费用。同时，人们在日常生活中已感到城市住房紧张、青少年就学受到校舍的限制等。

　　人口的快速增长，已经引起了领导层的关注。但是，要不要控制人口增长，在当时却争论不休、各执一端。

　　鉴于当时社会上对节育问题议论较多，报刊上也有公开争论，为了表明党中央的态度，1954 年 12 月 27 日，中共中央书记处书记刘少奇在国务院第二办公室召开由卫生部、轻工业部、商业部、中央宣传部、妇联等单位的负责人参加的会议，座谈节制生育问题。刘少奇同志在充分听取各方面意见后，代表党中央明确指出："现在我们要肯定一点，党是赞成节育的……我们中国要不要搞'英雄母亲'和提倡生育呢？我们不要搞，我看将来也不搞，可能永远不搞。"①

在会上，刘少奇同志提议就节制生育问题起草一个报告。起草工作由国务院二办主任林枫负责，卫生部副部长徐运北、商业部副部长王磊、轻工部党组书记龚永冰、国务院二办副主任范长江、妇联常务委员康克清等同志参加。1955年3月1日，中共中央批转了卫生部党组《关于节制生育问题向党中央的报告》。批语指出："节制生育是关系广大人民生活的一项重大政策性的问题。在当前的历史条件下，为了国家、家庭和新生一代的利益，我们党是赞成适当地节制生育的。各地党委在干部和人民群众中（少数民族地区除外），适当地宣传党的这项政策，使人民群众对节育问题有一个正确的认识。"② 这是中共中央批发的我国第一个关于节育问题的正式文件，标志着中央已经确立了节制生育的方针。

1956年9月15—27日，具有历史性意义的中国共产党第八次全国代表大会在北京政协礼堂召开，大会宣布，革命时期的急风暴雨式的群众阶级斗争已经基本结束，今后要把党的工作重心转移到社会主义建设上来。9月16日，周恩来同志在《关于发展国民经济的第二个五年计划的建议的报告》中指出："为了保护妇女和儿童，很好地教养后代，以利民族的健康和繁荣，我们赞成在生育方面加以适当的节制。卫生部门应该协同有关方面对节育问题进行适当的宣传，并且采取有效的措施。"③

1956年10月12日，毛泽东同志在同南斯拉夫妇女代表团谈话时说："过去有些人批评我们提倡节育，但是现在赞成的人多起来了。夫妻之间应该订出一个家庭计划，规定一辈子生多少孩子。这种计划应该同国家的五年计划配合起来。目前中国的人口每年净增1200万到1500万。社会的生产已经计划化了，而人类本身

---

① 彭珮云主编：《中国计划生育全书》，中国人口出版社1997年版，第471页。
② 路遇：《新中国人口五十年》，中国人口出版社2004年版，第1385页。
③ 同上书，第1386页。

的生产还是处在一种无政府和无计划的状态中。我们为什么不可对人类本身的生产也实行计划呢？我想是可以的。"① 这是毛泽东同志最早提出的计划生育思想。

毛泽东同志首次提出"计划生育"科学概念，这充分体现了作为哲人考虑问题的特点。1957 年 3 月 1 日，他在最高国务会议第十一次（扩大）会议上就我国人口问题发表重要讲话：我国人口增加很快，对于这个重要问题，似乎可以研究有计划地生育的办法……并且要得到人民的完全合作。……我看人类是最不会管理自己了。工厂生产布匹、桌椅板凳、钢铁有计划，而人类对于生产人类自己就没有计划了，就是无政府主义，无组织无纪律。这样下去，我看人类是要提前毁掉的。……关于这个问题，政府可能要设一个部门，或者设一个节育委员会，作为政府的机关。"来个十年规划，三年宣传试点，再有三年推广，过去六年了，还剩下四年，就普遍推广。"②

1957 年 3 月 5 日，《人民日报》发表《应该适当地节制生育》社论：号召全国"除了人口特别稀少的少数民族地区处，都应适当地提倡节制生育"。近几年来，我国广大的企业职工和机关工作人员，迫切地要求卫生行政部门帮助他们节制生育。许多农民也开始提出这个要求。党和政府是支持人民群众的这个要求的。早在 1953 年 8 月，政务院已经指示中央卫生部帮助群众节育，并且批准了中央卫生部修订的《避孕及人工流产办法》。刘少奇同志在1954 年 12 月 27 日召开了关于节制生育问题的座谈会以后，国务院第二办公室指定有关部门负责人组织了节育问题的研究小组，提出了开展节育工作的一些办法。在中共第八次全国代表大会上，周恩来同志代表党中央委员会所作的《关于发展国民经济的第二个五年计划的建议》的报告中，又一次说明应该"在生育方面加

①　彭珮云主编：《中国计划生育全书》，中国人口出版社 1997 年版，第 131 页。
②　路遇：《新中国人口五十年》，中国人口出版社 2004 年版，第 138 页。

以适当的节制"。各级卫生行政机关根据党和政府的指示，虽然已经采取了若干节育的措施，但是仍然束手束脚，因而还不能满足人民群众的这个迫切的、合理的要求。

我国是全世界人口最多的国家。在世界上的一切事物中，人是最宝贵的。在共产党的领导下，我国六万万人民已经创造了许多伟大的奇迹。由于我国人民政治地位的根本改变，经济、文化、卫生等条件的大大改善，人口的增殖率也提高了。人口的不断增长表示着民族的繁荣和兴旺，这是好事而不是坏事。但是，我国过去长期遭受帝国主义、封建主义、官僚资本主义的剥削和奴役，经济和文化都很落后，要根本改变这种落后状态需要几十年时间。这种落后状态限制了人民生活的迅速改善，留给我们许多一时不容易完全克服的困难。对于多子女的父母来说，这些困难往往特别显著。中华人民共和国成立后，尽管职工的工资逐渐地有所增加，托儿所和学校的发展速度更快，但这些都还不能满足多子女的职工的需要。许多做了父母的职工，由于过重的生活负担，不仅自己的工作、学习和身体的健康受到严重的不利影响，而且他们的家庭生活和对子女的教养也遇到了很多困难。因此，一般父母为了自己和子女的切身利益，迫切地要求节制生育。他们的要求是完全合理的。

农民也开始提出节制生育的要求。中华人民共和国成立以前，农民生活极端贫苦，农村中溺婴现象十分严重，婴儿死亡率也很高。近年来，农民生活获得稳步的改善。但是，因为农村人口增长太快，影响到了农民生活的改善，这也使农民特别是青年农民感觉到有节制生育的必要。河北玉田县举办过一个避孕展览会，七天中观众达五万多人。有些市镇运到一些避孕药物和书籍，很快就被抢购一空。由此可见，农村中的避孕问题，也是迫切需要解决的。

1950—1954 年，我国的人口每年增加 2.2% 左右，超过世界其他国家。同时，我国的工业生产平均每年增长 10% 左右，农业生产平均每年增长 5% 左右。这是很高的经济发展速度。正是由于我国的工农业比我国人口增长得更为迅速，保证了我国人民生活仍然能够逐年有所改善。但是，如果人口增长得慢一些，那么，人民生活的改善就会更快一些，这是很明显的道理。在这种情况下，我们主张在全国范围内，除了人口特别稀少的少数民族地区以外，都应该适当地提倡节制生育。这不但符合每个家庭和每个人的当前利益，而且也符合国家的社会主义利益和人民的长远利益。

那么，应该怎样节制生育呢？

第一，应该改变早婚的习惯。结婚愈早，生育愈多，而且对年轻的夫妇所造成的困难愈大。为了节制生育，提倡晚婚是必要的。我国民间过去有早婚的恶习，曾经使青年男女遭受过很多痛苦。为了改变这种习惯，《婚姻法》规定了结婚的最低限度的年龄。但是，这种规定并不是说到了最低限度的年龄就必须结婚。事实上，过了 25 岁结婚是有益而无害的。当时很多青年不但不到 25 岁，甚至不到 20 岁就结婚，结果造成了生活上的许多困难。在许多农村，甚至还有低于《婚姻法》规定的年龄而结婚的现象。因此，必须努力在群众中进行宣传教育，打破早婚的恶习，提倡晚一点结婚。

第二，推广避孕的方法。在不妨碍健康的条件下，各种有效的避孕方法都应当推行。在同样的条件下，多子女的父母也可以自愿地实行绝育。卫生部门过去在这些方面限制过严是不妥当的，今后应该尽量放宽。

第三，开展宣传教育。节制生育是人民群众自己的事情，也是国家的事情。应当积极地宣传和提倡，说明节制生育的积极意义，普遍地、正确地传播男女生理常识，广泛地介绍简便、有效的避孕方法，充分地供应价廉、可靠的避孕工具。在这些工作中不容许任何强迫命令。当然，我们也要充分估计到在群众中推行节育工作可能遇到的困难。但是，那些困难都可以积极地设法加以克服。只要普遍提倡，同时采取各种具体措施，工作一定可以逐渐收到成效。①

随后，国家和各省市先后成立了生育限制调查委员会。这标志着我国计划生育首次兴起，主要表现出四个明显的特点。

第一，党和国家领导人对人口问题的认识发生了重大转变。毛泽东同志立足于中国实际，用历史唯物主义观点辩证地分析了我国人口众多的基本国情，从人类自我管理、破除生育上的无政府主义这个理论高度认识计划生育的重要性。

1957 年 2 月 11 日，邓小平同志说：节育问题，不是个小问题，它涉及我国人民长远生活的改善问题。……我们要想尽一切办法实行节育。要特别注意节育生育问题。②

3 月 4 日，国务院副总理李先念在全国粮食厅（局）长会议上说：人口增长得太快。以前一年增加 1200 万人到 1500 万人。每人每年 500 斤粮食，按 1500 万人计算，一年就是 75 亿斤。所以，节育成了政治问题。以前不敢宣传，怕人说是马尔萨斯主义。现在对节育要公开宣传，人口生育不能无计划。③

6 月 6 日，周恩来同志说：有计划地生育，人口有计划地发展，不但可以使人民体质更加健康，使人民的生活水平得到提高，而且对国家的经济建设也是有作用的。④

8 月 20 日，陈云副总理在国务院常务会议上讲："中国人多，必须提倡节制生育。这是有关经济建设的大问题。现在粮食、布匹、学校等紧张，都与人口多而且增长快有关。"他指出："可以

---

① 社论：《应该适当地节制生育》，《人民日报》1957 年 3 月 5 日。
② 彭珮云主编：《中国计划生育全书》，中国人口出版社 1997 版，第 137 页。
③ 同上书，第 139 页。
④ 同上书，第 147 页。

号召共产党员不生第三个孩子。"①

第二，面向社会，公开宣传、公开讨论。综观毛泽东的革命生涯，他始终将人和人的教育改造放在中心地位，对计划生育工作的要求也是如此。"计划生育，要公开作教育，无非也来个大鸣大放、大辩论。我主张中学要上课，要教育怎么样生孩子，怎么样养孩子，怎么样避免生孩子，要生就生，要不生就不生。人类在生育上头完全是无政府状态，自己不能控制自己。将来要做到完全有计划的生育，没有一个社会力量，不是大家同意，不是大家一起来做，那是不行的。"②

毛泽东同志在 1957 年最高国务会议上讲了人口和计划生育问题，使更多的人打消了顾虑，发表不同的意见。中央提出了科学工作实行"百花齐放、百家争鸣"的"双百"方针，为开展人口问题大讨论和计划生育宣传提供了良好的社会环境。政治局面民主化，在党和政府的推动、鼓励下，一大批从事社会科学研究的专家学者深受鼓舞，他们自觉地批判马尔萨斯等资产阶级人口观，热情投身中国人口问题和人口控制的理论研究与实践。

1957 年 10 月 25 日，中共中央公布了《1956 年到 1967 年全国农业发展纲要》（修正草案）。《纲要》第二十九条规定："除了少数民族地区以外，在一切人口稠密的地方，宣传和推广节制生育，提倡有计划地生育子女，使家庭避免过重的生活负担，使子女受到较好的教育，并且得到充分就业的机会。"此后，《健康报》《文汇报》等报刊、新闻媒体相继加大计划生育的宣传力度。

1957 年 3 月 5 日，《人民日报》发表了《应当适当地节制生育》社论，刊载了马寅初在全国人大一届四次会议上的《新人口论》书面发言，以"广泛宣传迟婚和计划生育"为题，报道了严仁英、钟惠澜等 19 人在全国政协二届三次会议上的联合发言，提

---

① 孙沐寒：《中国计划生育史》，北方妇女儿童出版社 1990 年版，第 79 页。

② 路遇：《新中国人口五十年》，中国人口出版社 2004 年版，第 1388 页。

出向人民宣传在合理的年龄结婚，提倡计划生育和实行避孕的好处的提案。许多报刊纷纷发表关于人口、计划生育和避孕节育的文章。南京大学孙本文教授提出了"八亿人口是我国最适宜的人口数量"的意见。马寅初、邵力子、王历耕、钟惠澜、邓季惺、全慰天、吴景超、叶元龙、陈长蘅、孙本文、陈达、赵承信、王淑贞、林巧稚等医学界、社会科学界专家学者，纷纷在全国人大和全国政协会议上发言或在报刊上发表文章，阐述中国人口问题和人口理论，提出控制人口增长、实行计划生育的主张与建议。《健康报》《光明日报》《中国妇女》等报刊，相继发表了社论。

第三，组织避孕药具生产，放开市场供应。1954 年 11 月 10日，卫生部发出通报："一切避孕用具和药品均可以在市场销售，不加限制。"而且明确避孕药品由轻工业部医药工业管理局负责生产，用具则由橡胶工业管理局研究试制。1955 年国家准备供应1000 万人份的药具。1956 年避孕套销售量比 1955 年增加了 25%。

1957 年 2 月 11 日，邓小平同志说："……我们要想尽一切办法实行节育。轻工业部计划生产避孕套，每年拿 1000 万元，即用1000 吨橡胶可以一个钱不要地供应全国人民所需。"①

第四，节育有选择地进行试点，逐步推广经验。河北省和天津市从 1953 年开始宣传节育。1954 年以后，北京、上海、天津、青岛、沈阳、河北等省市都开展了节育活动。1956—1957 年，一些地方做了不少工作：河北省培训避孕知识宣传员 23553 名，建立避孕指导站 1230 处、药具销售点 3134 处，38 个市县建立了节制生育委员会。节育工作的兴起虽然是在少数城市和地方，但确实打开了局面，迈出了坚实的第一步，收到了一定效果。

中国计划生育思想的形成，及其在政府领导阶层、学术界和干部群众中取得共识，是意识形态领域具有历史意义的重大成就，标

---

① 彭珮云主编：《中国计划生育全书》，中国人口出版社 1997 年版，第 137 页。

志着世界第一人口大国的人口发展将脱离盲目自发增长的轨迹，逐步走向理性控制的自由王国，效果初现。1954—1957 年，总人口由60266 万人增加到 64563 万人，出生率由 37.97‰下降到 34.03‰。平均年增长率为 23.67‰，总和生育率由 6.28 上升到 6.41。

　　然而，理论与实践并非总是一致的。实行节制生育、控制人口增长的目标虽已选定，但到达胜利彼岸的道路却非一帆风顺的坦途。其间，充斥着与各种非科学理论观点、认识水平、决策失误和封建残余意识的反复较量，以致经历了"三起两落一折腾"的艰难曲折甚至是悲壮的发展过程。

三　节制生育停滞时期
（1957—1959 年）

　　1956 年 9 月 16 日，在中国共产党第八次全国代表大会上，周恩来同志在《关于发展国民经济的第二个五年计划的建议报告》中指出："为了保护妇女和儿童，很好地教育后代，以利民族的健康和繁荣，我们赞成在生育方面加以适当的节制。"[①] 马寅初得悉后非常兴奋，他认为节育问题被中共中央提上了议事日程，看来可以公开谈论控制人口的问题了。1957 年 3 月，在最高国务会议第十一次（扩大）会议上，马寅初再次就控制人口问题发表了自己的主张。他说：我们的社会主义是计划经济，如果不把人口列入计划之内，不能控制人口，不能实行计划生育，那就不成其为计划经济。

　　毛泽东赞赏马寅初的发言说："这一条马（寅初）老今天讲得很好，我跟他是同志。从前他的意见没有放出来，有人反对，今天算是畅所欲言了。这个问题很值得研究，政府应该设机关，

---

　　① 路遇：《新中国人口五十年》，中国人口出版社 2004 年版，第 1386 页。

还要有一些办法。人民有没有这个要求？农民要求节育，人口太多的家庭要求节育，城市、农村都有这个要求，说没有要求是不适当的。"①

同样，在全国政协第二届第三次会议上，邵力子就计划生育问题也做了长篇发言。他强调指出，现代人在生活、学习、工作等方面都可以有计划，在生育方面也必须有计划。他针对卫生部严格限制人工流产的规定，提出"不造成以法令或权力限制人工流产"，建议修改《婚姻法》第四条"男二十岁，女十八岁，始及结婚"的规定，主张提高结婚年龄，宣传迟婚。他还主张大力向农村推行节育工作，不要对持久性避孕手术进行限制，等等。

马寅初听了领袖讲话非常高兴。加之当时又提出"百花齐放，百家争鸣"，因而马寅初加快人口问题研究和《新人口论》的写作。1957年6月，他将《新人口论》作为一项提案，提交二届人大四次会议。提案从十个方面论述了为什么要控制人口，控制人口的重要性与迫切性，以及如何控制人口等问题。其基本观点有三个：一是指出了我国人口增长过快的问题，人口增长过快、资金积累不快，亟须引起人们的高度重视。二是把人口的数量和人口的质量联系起来考虑，主张发展教育以提高人口质量。三是指出人口增长过快给国民经济和科学研究与发展造成严重影响。因此，控制人口的政策绝非可有可无，而是当务之急。对控制人口的增长他提出了三大措施：一是加强宣传，破除封建思想；二是修改《婚姻法》，鼓励晚婚；三是普遍宣传人工避孕，反对人工流产。为了得到全社会理解并接受他的观点，他在论文中郑重阐明："我的人口理论在立场上和马尔萨斯是不同的，他们主张以瘟疫、疾病、战争等残酷的手段把人口削减……我则不但不主张削减而且要提高劳动人民的劳动生产率，借以提高他们的物质和文化生

---

① 彭珮云主编：《中国计划生育全书》，中国人口出版社1997年版，第131页。

活水平。"① 7 月 5 日,《人民日报》用整版篇幅全文刊载了《新人口论》,一时在国内外引起巨大反响。此举,令对人口问题研究锲而不舍的马老先生备受鼓舞。可是,政治形势瞬息万变,令马寅初等一批学者、专家始料不及。

1957 年 6 月 8 日,中共中央发出在全国范围内开展反右派斗争的指示。同日,《人民日报》发表了题为《这是为什么》的社论,标志反右派斗争的开始。由于对当时阶级斗争的形势估计得过于严重,反右派斗争犯了严重的扩大化错误。随后,政治上"左"的错误又扩展到经济建设领域。10 月 14 日,李普在《人民日报》发文《不许右派利用人口问题进行政治阴谋》,文中不点名地批判了马寅初的《新人口论》是"新马尔萨斯主义"。随之,吴景超、费孝通、陈达、李景汉四位社会学家被戴上了"右派分子"帽子;1958 年年初,随着反右派斗争的扩大化,又有许仕廉、陈长蘅、孙本文、潘光旦等专家被报刊点了名,受到批判的约有 200 人。由于"左"倾思想的影响,1958 年 4 月 15 日,《人民日报》发表《人口和人手》文章,"人多是好事",中国"不是人口太多,而是人口不足"的论点风靡一时。

1958 年 5 月,中共八大二次会议正式制定了"鼓足干劲,力争上游,多快好省地建设社会主义"的总路线,片面强调发展的高速度,使年初已经发动的"大跃进"形势继续发展。

会后,全国各条战线提出"跃进"指标,掀起了"大跃进"的高潮。最具代表性的是 1958 年第 9 期《红旗》杂志的社论:《大踏步前进的九年》,文中指出:"人愈多,就愈能多快好省地建设社会主义,就能愈快地促进社会生产力的发展,就能愈快地促进国家的物产丰富、兴旺强盛,就能愈快地促使人民群众的生活优裕、文化提高。"接着,有人主张将马寅初定为"右派分

---

① 马寅初:《新人口论》,广东经济出版社 1998 年版。

子"，经周恩来斡旋方才作罢。然而，围攻马寅初从 1958 年一直持续到 1960 年。此时，社会上"人手论"的论调泛滥，说什么"人不仅是消费者，而且是生产者"，人不仅有"口"而且有"手"，一些新闻媒体开始颂扬"人多是一件好事"，指责马寅初"只是见口不见手"。其结果是"人手论"暂时战胜了"人口论"，真理、事实、良知都被"左"的思潮淹没了。

对马寅初及其《新人口论》乃至众多学者的无端批判，是极"左"政治对正常学术研究的粗暴干预和对科学知识的肆意践踏。权力与愚昧相结合使我们强吞了人口失控的"苦果"，方兴未艾的节制生育工作被迫停止，人口问题研究变成了禁区，无人问津。

"大跃进"运动及紧随其后开展的反右派斗争扩大化，重创了我国经济和社会的发展。在"大跃进"中，粮食亩产千斤、万斤的虚报不断升温，刮起了"一大二公""一平二调"之风。农民的自留地、零星果树及原来在公社里的股金，全都划归公社所有。"共产风"伤害了农民的生产积极性。人口多一点还算得了什么呢？1958 年 10 月，周恩来会见斯诺时也无奈地说："我们相信实行计划生育是正确的，但在中国马上实行是有困难的。"①

刚刚兴起的节制生育工作，在主观偏见取代科学真理的大背景下落下了帷幕，教训是深刻的。真正从战略和发展高度认识、运用科学的社会思想理论，并非易事。"一个完全的、协调的统一理论只是第一步，我们的目标是完全理解发生在我们周围的事件以及我们自身的存在。"②

---

① 孙沐寒：《中国计划生育史》，北京妇女儿童出版社 1990 年版，第 123 页。

② ［英］史蒂芬·霍金：《时间简史》，许明贤等译，湖南科学技术出版社 1988 年版，第 152 页。

四 "三年自然灾害"时期
(1959—1961 年)

在 20 世纪 50 年代末期生产力十分低下的状况下，人类抵御自然灾害的能力十分有限，综合国力较弱，遇到持续的严重自然灾害，出现经济困难是不可避免的。造成这种失误的主要原因有：其一，"大跃进"时期过高地估计了主观意识的作用和农业生产条件的变化，把"人有多大胆，地有多大产"的臆想当作了现实，加上"反右倾"的需要，对农业及抗灾投资也相对较少。大办吃饭不要钱的食堂，"粮食供给食堂化，肚子再大也不怕"，严重损害了民生。其二，大量增加城镇和职工人数。职工 1960 年达到 5969 万人，比 1957 年增加 2868 万人，城镇人口 1960 年达到 13000 万人，比 1957 年增加 3124 万人。[①] 其三，投资和人力、物力继续向工业方面倾注，排挤农业。将大批农村劳动力调出，参加没有计划的水利工程，抽调农村劳动力 3000 多万人搞钢铁等其他事业。其四，减少粮食播种面积。1958 年做出了次年减少粮食播种面积的决策，1959 年比 1958 年下降了 9.1%。其五，实行粮食高征购政策。为了支持工业"大跃进"，要求各地区加大征购指标，在发现农村缺粮难以完成的情况下，又进行了"反瞒产"斗争，强行征购。在中央计划政策下，有一个有效的偏向城市的食物配给体系，城市居民享受定量粮食的权利得到法律保护。相反，强制性的粮食征购定额被强加在农民头上，这样一调出二吃光，本来就难以为继。当自然灾害造成粮食大幅度减产甚至绝收的情况来临，国家、集体、家庭都严重亏空。粮食产量 1960 年降到 1435 亿斤，比 1975 年减少 26.4%，棉花产量跌落到 1951 年的水

---

① 《当代中国》丛书编辑部编辑：《当代中国的劳动力管理》，中国社会科学出版社 1990 年版，第 10 页。

平，油料跌落到中华人民共和国成立初期的水平，轻工业生产急剧下降。人均消费量减少19.4%。蔬菜供应紧张，猪肉供应减少69.9%。人民生活降为"低指标、瓜菜代"，最困难的时候连瓜菜都难得一遇，饥饿成为当时最尖锐的经济难题，连整个中南海都"勒紧了裤带"。

"三年自然灾害"时期同样给婚姻、家庭、生育带来冲击，其结果是结婚率下降，许多妇女因营养不良而暂时闭经失去了生育能力。天津市1961年的结婚率只有1957年的13.6%。1957年我国的人口出生率是34.03‰，总和生育率是6.21，随后逐年下降，到1961年达到最低点，出生率是18.02‰，总和生育率是3.28，1962年出生率迅速回升到37.01‰，总和生育率增至6.03。同期城镇妇女的总和生育率下降幅度为49.3%，农村妇女为46.7%，城乡之间没有太大的差别。除了结婚年龄推迟外，就连结了婚的妇女也推迟了初育。1957年初婚的妇女有24.75%在12个月内生了第一胎，然而1960年只有11.62%。当时，可以说是不得不晚婚晚育。

人口死亡率大幅上升，1960年达到25.43‰（1962年恢复下降为10.02‰）。由于出生率锐减、死亡率大幅上升，人口增长进入新中国成立以来最大的一次低谷，1960年人口自然增长率出现了4.57‰的负增长。1959—1961年，总人口由67207万人减少到65859万人，出生率由24.78‰下降到18.02‰，平均年增长率为−1.39‰，总和生育率由4.30下降到3.29。这使某些无视人口自身发展规律，无视人口问题严重性、长期性和复杂性的所谓理论家，更加迷恋他们鼓吹的社会主义社会根本不存在人口问题的荒谬观点。事实上，这种非必然性低谷现象正蕴藏着更大的人口出生洪峰。而后来第三次我国人口出生的高峰，又犯了雷同的错误。

五 计划生育启动时期
(1962—1965 年)

历史没有欺骗人们。"三年自然灾害"过后,补偿性结婚高峰和补偿性人口出生高峰便接踵而至,一直持续到 1972 年。1962 年出生率回升到 37.01‰,1963 年回升到 43.37‰,形成人口出生的"珠穆朗玛峰"。仅 1963 年就出生了 2959 万个孩子,比当年加拿大的总人口还多出 500 多万。这一年,许多城市妇产科和妇产医院床位严重不足,只能腾出办公室和库房作休息室,各种箱柜改为婴儿床,闹出"产妇入库""婴儿入柜"的笑话。补偿性出生高峰和持续不断的人口过快增长,彻底否定了"人手论"和"人多是好事"的片面论点,敲响了人口警钟。"苦果"没有白吞,实行计划生育、控制人口增长的课题重新列上议事日程。

为了摆脱"三年自然灾害"时期造成的严重困难,1960—1965 年,中共中央提出发展国民经济实行"调整、巩固、充实、提高"的方针。主要任务是:调整已经失去平衡的积累和消费比例关系;缩小基本建设规模;压缩工业生产规模,降低重工业的生产指标;回笼货币,调剂市场;加强农业生产;调整经济管理体制;精简职工,压缩城镇人口。1961—1963 年共精简职工 1940 万人,压缩城镇人口 2600 万人。

面对如此国情,1962 年 2 月周恩来同志旧话重提:"要公开宣传节育,对年满 18 岁的青年不管结婚未结婚,都可以讲给他们听。男婚女嫁这有什么秘密呀,宣传节育过去抓迟了。"[1]

1962 年 12 月 18 日,中共中央、国务院在《关于认真提倡计

---

[1] 彭珮云主编:《中国计划生育全书》,中国人口出版社 1997 年版,第 134 页。

划生育的指示》（中发〔62〕698 号）中指出："在城市和人口稠密的农村提倡节制生育，适当控制人口自然增长率，使生育问题由毫无计划的状态逐渐走向有计划的状态，这是我国社会主义建设中既定的政策。认真地长期地实行这一政策，有利于保护母亲和儿童的健康，有利于教养后代，有利于男女职工在生产、工作、学习中充分发挥自己的力量，也有利于我国民族的健康和繁荣。因此，提倡节制生育和计划生育，不仅符合广大群众的要求，而且符合有计划地发展我国社会主义建设的要求。"中共中央和国务院认为有必要向各级党委和政府重申重视和加强对这一工作的领导。[①] 中发〔62〕698 号文件，标志着我国计划生育工作重新启动。

从 1963 年 2 月 1 日到 7 月 22 日，周恩来分别在七次重大会议上进行动员，特别是在第二届全国人大常委会第一百零一次会议上指出："应该产生我们社会主义对人口的看法，确立人口论的正确观点。"同时，周恩来还提出研究中国人口的十个问题。其中，第十个问题就是"要不断地克服官僚主义。在人口问题上，在节育问题上，如果不抓紧反官僚主义，计划是不能实现的"[②]。

1963 年 10 月 22 日，中共中央和国务院批准《第二次城市工作会议纪要》。纪要指出："要积极认真地开展计划生育工作，这是一项极其重要的任务，应长期坚持下去。""必须加强计划生育工作的领导，各级党委和人民委员会要把计划生育工作列为主要议事日程之一，一年抓几次，中央和地方都要成立计划生育委员会。要在全国形成一个计划生育的群众运动。争取在三年调整时

---

① 杨魁孚：《中国人口与计划生育大事要览》，中国人口出版社 2001 年版，第 27—28 页。

② 路遇：《新中国人口五十年》，中国人口出版社 2004 年版，第 1392 页。

期，把城市人口的自然增长率降到千分之二十以下。"①

1964 年 1 月，国务院成立计划生育委员会，国务院秘书长周荣鑫任主任委员，杨振亚任办公室主任，卫生部妇幼保健司设计划生育处，栗秀真司长负责。随后，15 个省和直辖市，建立计划生育委员会（计划生育领导小组），全国性的计划生育机构初步形成。

1964 年 2 月 11 日，中共中央、国务院发布了《关于进行第二次全国人口普查工作的指示》，明确指出，此次普查的目的是为制定第三个五年计划（1966—1970 年）和长远规划提供依据。

1965 年 1 月 9 日，毛泽东在与斯诺的谈话中说：对中国的计划生育进程感到"不满意。在农村还没有推广。最好能制造一种简便的口服避孕药品"。并在接见卫生部负责人时指示："你们开展农村卫生工作后，要搞节制生育。"②

1965 年 2 月，国务院计划生育委员会在山东省文登县召开了现场会，推广了该县 1963 年以来实行"晚、稀、少"生育要求的经验，提出"一个不少，两个正好，三个多了"的口号。

9 月 18 日至 10 月 12 日，党中央召开的中央工作会议提出，计划生育的重点应当转向农村。11 月 16 日，周恩来在中共中央政治局扩大会议上发表重要讲话："计划生育是进步的，是共产主义的。我们有社会主义制度，能够做到计划生育，这是个大问题。"他在接见美国作家斯诺的谈话中说："二十世纪内，如果能使中国人口净增率降到百分之一以下，那就太好了。"③

在党和国家领导人的大力倡导下，全国推行计划生育的局面已经形成，取得了初步成效。城市人口的生育水平出现了下降趋

---

① 路遇：《新中国人口五十年》，中国人口出版社 2004 年版，第 1393 页。
② 彭珮云主编：《中国计划生育全书》，中国人口出版社 1997 年版，第 132—133 页。
③ 同上书，第 135 页。

势，农村宣传节育和计划生育的局面也已初步打开，而且涌现出一批计划生育的先进典型，成为后来全面开展计划生育工作的星星之火。

我国计划生育"二起"的特点非常明显：一是从中央到地方，实行计划生育、控制人口增长的思想基本上占了主导地位，建立了计划生育领导组织和办事机构，党政主要领导负责，形成中、高层次的组织领导体系框架，政府财政设立了专项经费。二是采取了以城市带动农村的方式，逐步向农村扩展，山东省文登县、河北省南宫县和乐亭县、江苏省如东县、辽宁省黑山县、陕西勉县，是国务院计划生育委员会确立的先进典型试点县。三是大力开展避孕节育技术指导和培训，确定了技术规范，初步建立了药具的供应政策和渠道，同时开展了避孕节育科学技术研究。四是计划生育提出了控制目标，"一个不少，两个正好，三个多了"和"晚、稀、少"的生育目标要求在一些地方已付诸实践。

这个时期，标志着我国节制生育阶段结束，全面转向计划生育的新时期，我国的人口发展开始走向理性的、有计划控制的道路。

六　计划生育动乱时期
（1966—1970 年）

1966 年 5 月，在中华大地上发起了长达十年的"文化大革命"运动。由于遭到"四人帮"的干扰和破坏，全局性的"左"倾思潮始终占据支配地位，社会环境处于无政府状态。

1967 年掀起了"夺权"的"一月风暴"，全国陷入"打倒一切，全面内战"的窘境，工厂停工，学校停课，交通中断，社会秩序混乱，无政府主义大肆泛滥。计划生育工作自然也在劫难逃，一些计划生育机构名存实亡或者被"革命委员会"取消，计划生育政策落实的社会条件和工作运行机制失效或不存在，计划生育干部或去"干校"或下放农村，一部分负责干部被戴上"走资派""修正主义分子"的帽子被打入牛棚，节育技术人员大部分走上了"六二六"道路，到农村插队落户。虽然村庄墙壁上写着宣传计划生育的大标语，但它如同沙漠文化的装饰品并没有任何的用处。

图1—1　1967 年宣传计划生育大标语①

计划生育在政治动乱中遭到"四人帮"干扰和破坏，江青把计划生育斥为"婆婆妈妈小事"，责难抓节育是"业务第一"，对计划生育工作大搞"管、卡、压"，认为"用电影宣传计划生育欠妥"。计划生育工作再度陷入瘫痪，人口又回归到自发增长状态，仅 1966 年至 1970 年的五年间，全国出生了 13356 万人，总人口由 74542 万人增加到 82992 万人。

在那个时期，党和政府并没有放弃控制人口过快增长的方针，

---

① 本书中的所有图片，除特别说明外，均为萧振禹拍摄或复印的第一手资料。

周恩来同志早已意识到了人口与经济发展的矛盾。1970 年 2 月，周恩来同志在"全国计划会议"上提出："现在人口多，70 年代人口要注意计划生育。'文化大革命'期间有点放松，青年结婚的多了，孩子生得多了，特别是城市人口增长很多。凡是人口多的省、市要特别注意计划生育，劳力多了是好事，但要与经济发展相适应才好。"①

1970 年 5 月 20 日，财政部、卫生部军管会发出《关于避孕药实行免费供应的通知》，决定从 1970 年起，全国实行口服避孕药免费供应，在世界上开创了政府免费支持群众计划生育的先例。

1965 年 9 月 20 日，商业部、化工部、卫生部联合发文（商药联字 321 号）降低避孕套价格：为了进一步促进计划生育工作的开展，经研究决定，出厂价（出厂价指医药工业直属厂，其他厂自定）由三分降为一分；批发价由二分四降到八厘五，零售价由三分降到一分。自 1965 年 9 月 20 日起执行。

1969 年，湖南省在开展计划生育工作中，传达了毛主席关于在中学也加一门节育课的指示。之后，湘潭县在盐埠中学设了晚婚节育课；1970 年，衡阳市在中学也设了这门课。"批林批孔"运动以来，他们还在政治、语文、外语、数学等课程中加了有关计划生育的内容。衡阳市教育局的领导同志说：教育在教师，关键在领导。若继续不闻不问，党的教育方针就不能贯彻执行。因此，决定在中学开设晚婚节育课，从正面给学生讲授科学知识。

"文化大革命"时期我国经济濒临崩溃，人口迅猛增长，导致计划生育工作第二次"落幕"，人口问题日加严重。我国"二落"的教训同样是深刻的，它给我们留下了沉痛教训：计划生育政策存在的价值与政治、社会环境有重要相关性。但与"一落"的不同之处在于，此次并不是计划生育本身缺乏"一个完全的、协调

---

① 路遇：《新中国人口五十年》，中国人口出版社 2004 年版，第 1397 页。

的统一理论"，而是整体的思想政治路线的失误。然而，后果却是
相同的。

七　计划生育恢复时期
(1971—1978 年)

计划生育第三次起步于动荡的 1971 年，经过风风雨雨，取得
了举世瞩目的成效。当时"文化大革命"还没有结束，"四人帮"
在中央仍占据重要地位。周恩来在毛泽东的支持下，顶着"四人
帮""批林批孔"运动的干扰破坏，对国民经济进行全面整顿，
坚持不懈地推进计划生育工作。

连续十年的"文化大革命"，使国民经济受到严重破坏。加之
20 世纪 60 年代人口迅猛增长，给国民经济造成了更大压力，使人
口与土地资源、人口与粮食、人口与就业，以及人口与住房、交
通、就医、入园、入学等各方面的矛盾更加尖锐。1970 年，我国
人均耕地为 1.48 亩，比 1965 年减少 0.39 亩；粮食总产量是世界
最多的国家之一，但是人均只有 589 斤；城镇每年约有 350 万年
轻人需要安排升学和就业；城镇人口大量待业，不得不动员知识
青年"上山下乡"缓解矛盾，1966—1976 年共动员 1200 万知识
青年"上山下乡"，还动员了大批的干部和知识分子下放农村和干
校劳动。1971 年，国民经济出现"三突破"：职工人数突破 5000
万人；工资支出突破 300 亿元；粮食销量突破 800 亿斤。"三突
破"给国民经济带来严重后果：首先，工矿企业吸收大批农民进
城做工，1970—1971 年新增职工中有 600 多万人是从农村招来的，
过多抽调农业劳动力，影响了农业的发展；其次，职工人数增加
过多，使得工业劳动生产率下降，1971 年全国全民所有制工业劳
动生产率只有 10080 元，比上年下降 0.8 个百分点；最后，城镇
职工增加，扩大了消费品和商品粮的供需矛盾，1971 年国家职工

工资总额比 1970 年增加 24 亿元，粮食销售增加 53 亿斤，其中城镇销售即增加 39 亿斤，而这一时期粮食征购量却减少了 30 亿斤。这样一来，不可避免地带来市场供应紧张，商品差额大，货币无法回笼，银行增发钞票，整个国民经济出现危险的信号。①

正如邓小平所讲："我们现在的生产技术水平是什么状况？几亿人口搞饭吃，粮食问题还没有真正过关。我们钢铁工业的劳动生产率只有国外先进水平的几十分之一。新兴工业的差距就更大了。在这方面不用说落后一二十年，即使落后八年十年，甚至三年五年，都是很大的差距。"②

1971 年 2 月 12 日，周恩来刚参加完全国计划工作会议就赶到即将结束的中西医结合会议上，请参加中西医结合会议（准备回家过春节）的同志留下，安下心来讨论计划生育问题，研究一个切实、有效的办法。搞好计划生育是大事。

周恩来总理指定由卫生部、商业部、燃料化学工业部向国务院写出报告。经研究，起草工作由卫生部栗秀真同志负责，商业部萧振禹同志、燃料化学工业部李秀臻同志参加。周总理对起草报告的同志说：计划生育很重要，不要掉以轻心。报告草稿写好后，周恩来总理亲自做了修改。2 月 27 日，以卫生部军管会、商业部、燃料化学工业部联署名义向国务院提交了《关于做好计划生育工作的报告》（以下简称《报告》）。1971 年 7 月 8 日，国务院以国发〔71〕51 号文件转发了这个影响深远的报告。《报告》指出："人类在生育上完全无政府主义是不行的，也要有计划生育。计划生育，是毛主席提倡多年的一件重要事情，各级领导同志必须认真对待。除人口稀少的少数民族地区和其他地区外，都要加强对这项工作的领导，深入开展宣传教育，使晚婚和计划生

① 金冲及：《二十世纪中国史纲》，社会科学文献出版社 2009 年版，参见第三卷内容。

② 《邓小平文选》第 2 卷，人民出版社 1994 年版，第 90 页。

育变成城乡广大群众的自觉行动，力争在第四个五年计划期间内做出显著成绩。"《报告》提出了控制人口增长的具体目标：力争到 1975 年，城市人口自然增长率降到 10‰左右、农村降到 15‰以下，国家第一次明确提出了人口控制指标。《关于做好计划生育工作的报告》不仅标志着计划生育的再次兴起，而且标志着计划生育逐步进入了科学、正常、系统实施的轨道。

（一）加强领导，恢复组织机构，明确政策

1973 年 7 月 16 日，国务院恢复成立计划生育领导小组，华国锋（时任国务院业务组副组长）任组长；下设办公室，由卫生部代管，负责日常工作。各省、自治区、直辖市相继建立计划生育委员会或领导小组，初步形成了有机构管事、有人办事的组织领导体系。1978 年 6 月，国务院对计划生育领导小组进行了调整和补充，任命陈慕华副总理兼任领导小组组长，王首道、江一真、苏静、栗秀真任副组长，栗秀真兼任办公室主任。

1974 年 12 月，中共中央转发了上海市《关于上海开展计划生育和提倡晚婚工作的报告》、河北省《关于召开全省计划生育工作会议的报告》，中共中央在通知中指出："实行计划生育，是一场破旧立新、移风易俗的深刻思想革命……要充分发动和依靠群众，做好深入细致的思想工作，在群众自觉的基础上，把生育计划落实到人，不要强迫命令。要普及节育科学知识，把避孕药具送上门，方便群众。医疗卫生部门要提高节育手术质量，加强妇幼卫生工作。"肯定了按"晚、稀、少"要求结婚和生育的政策。[1]

1978 年，具有重大历史意义的中共十一届三中全会召开，中国完成了伟大的历史转折，进入了改革开放的新时代。

一个崭新的时代向人们走来。历史赋予了每一代人各自的使

---

[1] 路遇：《新中国人口五十年》，中国人口出版社 2004 年版，第 1401 页。

命，任何人都难以超越自己的时代。毛泽东那一代人的探索，为当时的计划生育事业积累了宝贵的经验。此后一个相当长的时期，还是把毛泽东已经提出但是没有做的事情做起来，把他反对错了的改正过来，把他没有做的做起来，这是改革开放和毛泽东时代的一种历史联系。计划生育也是这样，毛泽东人口思想的主基调——提倡节育，主张有计划地生育，是我国人口政策的重要依据。中国人口的巨大增长，是各种因素综合作用的结果。回顾历史，总结经验，我们不能忘记毛泽东和党的领导人为我国的人口和计划生育工作所做出的伟大贡献。

1978 年 2 月 26 日，华国锋同志在五届全国人大一次会议上作《团结起来，为建设社会主义现代化强国而努力奋斗》的政府工作报告时指出："计划生育很重要。有计划地控制人口的增长，有利于国民经济的有计划发展，有利于保护母亲和儿童的健康，有利于广大群众的生产、工作和学习，必须继续认真抓好，争取在三年内把我国人口自然增长率降到 1% 以下。"他深刻阐明了计划生育与加速实现四个现代化的密切关系，并提出了具体要求。[1]

经党中央批准，国务院新的计划生育领导小组于 1978 年 6 月 26—28 日，召开了第一次会议。会议由陈慕华同志主持，李先念同志代表党中央、国务院讲了话。会议提出了"书记挂帅、全党动手、宣传教育、典型引路、加强科研、提高技术、措施落实、群众运动、持之以恒"的"三十六字"计划生育工作方针和一对夫妇生育子女数"最好一个，最多两个"的要求。[2]《人民日报》于 7 月 9 日发表了题为《书记挂帅，全党动手，进一步搞好计划生育》的社论。

1978 年 10 月 26 日，中共中央批转了国务院计划生育领导小组《关于国务院计划生育领导小组第一次会议的报告》（即中发

---

[1] 栗秀真：《栗秀真文集》，中国人口出版社 2012 年版，第 226 页。

[2] 彭珮云主编：《中国计划生育全书》，中国人口出版社 1997 年版，第 472 页。

〔1978〕69 号文件)。《报告》提出"晚、稀、少"的要求:"晚婚年龄,农村提倡女 23 周岁,男 25 周岁结婚,城市略高于点农村。""提倡一对夫妇生育子女数最好一个,最多两个。生育间隔三年以上。"①

图1—2　中央领导在中南海接见全国计划生育、妇幼卫生作会议代表,
有关领导作了重要讲话

图1—3　"提倡一对夫妇终身只生一个孩子"宣传标语

---

① 路遇:《新中国人口五十年》,中国人口出版社 2004 年版,第 1404 页。

响应党和政府的政策，天津医学院 44 个教职员工向全国提出倡议：为革命只生一个孩子。解放军二五四医院 77 位医护人员，联名向全军区医院育龄夫妇发出"为革命只生一个孩子的倡议"。四川省江津县表彰了 52 对只要一个孩子的青年夫妇。牵动城市和农村亿万家庭的计划生育活动，在全国范围内轰轰烈烈地开展起来了。

（二）制定人口计划，确定人口发展目标

中华人民共和国成立以来的 24 年，人口从 5 亿多增加到 7 亿多，增加 50% 多；而同一时期，粮食生产从 11000 万吨增加到 24000 万吨，增加一倍多，但是人均占有量仅增加 35%。当时国家提出了实行有计划地发展国民经济的方针，其中包括有计划地增长人口。

周恩来在毛泽东的建议下，提出："计划生育属于国家计划范围，不是卫生问题，而是计划问题。你连人口增长都计划不好，还搞什么国家计划？"[①] 国家计划委员会在"四五"计划（1971—1975 年）中第一次将人口规划纳入了国民经济发展整体计划。

1974 年 12 月 29 日，已届耄耋之年的毛泽东主席在国家计委《关于一九七五年国民经济计划的报告》上批示："人口非控不行"[②]，再次强调了人口控制对国民经济发展的重大作用。这是毛泽东晚年对中国人口问题的最后期望。

1975 年国家制定了"五五"期间（1976—1980 年）的人口规划，要求到"五五"期末的人口自然增长率农村降到 10‰左右，城市降到 6‰以内。1978 年五届人大一次会议的《政府工作报告》进一步提出：争取三年内把我国人口自然增长率降到 10‰以下。

---

① 左常青：《试论国民经济的发展与人口生产的计划化》，《人口学刊》1981 年第 2 期。

② 彭珮云主编：《中国计划生育全书》，中国人口出版社 1997 年版，第 133 页。

(三) 计划生育重点转向农村

为了更好地贯彻国发〔71〕51 号文件精神，1971 年 11 月和 1972 年 1 月，分别在江苏省如东县、河北省乐亭县召开计划生育经验交流会，强调抓好晚婚、晚育，推广"五落实"（思想教育、组织领导、人口计划、生育政策、节育政策）经验。继后又抓河南省发挥大嫂子队长的作用和黑龙江省培训女赤脚医生两个典型。从此，计划生育由城市为主，走上了城乡并重的轨道，计划生育在更广阔的空间展开。

(四) 免费供应避孕药具，严格手术质量管理

随着计划生育的广泛开展，避孕药具的研究、生产和供应成了突出问题，国务院极为重视。周恩来总理在 1969 年 1 月曾在国家计委临时计划小组工作会议上讲："口服避孕药是一件大事，要列入一九六九年计划，要单独提出来……今年是宣传和试点，明年推广，后年普及。……这是一项政治任务。"[1]

1972 年毛泽东主席指示："关于避孕工作，我看要送上门去，避孕药物、器械这些东西，免费提供，挨家送，因为人家不好意思来领嘛。人体的八大系统都要研究，包括男女关系这种事情。要编成小册子，挨家送。"[2]

1974 年 1 月 9 日（春节前），国务院计划生育领导小组、卫生部、商业部、财政部、燃料化学工业部发出了《关于全国实行免费供应避孕药和避孕工具的紧急联合通知》，对 14 种药具实行免费供应，梳理了通畅的供应渠道，尽可能方便群众。

---

[1]　彭珮云主编：《中国计划生育全书》，中国人口出版社 1997 年版，第 136 页。
[2]　同上书，第 133 页。

（五）不搞强迫命令，立足宣传教育

国务院制定了"国家指导和群众自愿相结合"的计划生育工作原则，坚持宣传和说服教育，不搞强迫命令。

1975 年 4 月 30 日，邓小平同志在会见阿尔及利亚革命委员会委员、农业和土改部部长塔耶比·拉比时说："人多是个麻烦事，无限制的增长不得了。现在提倡节制生育，有些地方见效了。做到这一点，要做大量的教育工作和组织工作。"[1] 1978 年 8 月 6 日，邓小平会见奥地利中国研究会代表团，在谈到中国人口问题时同样讲道：这个事情我们搞了许多年了，所以现在有一点成绩，但还要努力，还要做很多工作，特别是说服工作，这个事情搞命令主义是不行的。

从 20 世纪 70 年代开始，在周恩来同志的一再倡导下，中小学开展青少年青春期性健康教育终于有了良好的开端。他在一次对医务人员的讲话中说："让青年懂得生理卫生知识很重要。女孩子有月经以前，男孩子遗精、发生手淫以前，就应当有这一方面的知识。现在封建思想在这方面的影响还很大，把月经叫'倒霉'，怀孕害羞，说到生殖器官、性的问题就脸红。在小学、中学应当介绍这方面的知识。有人怕介绍这些知识，说看了反而学坏了。会有这种情况，但总是少数，要相信大多数。医学科学院负责组织写小册子，给小学、中学用，要有图。医学科学院要管这项工作。"[2]

1975 年教育部与卫生部联合发出《加强中、小学生理卫生常识教育的通知》。教育部把青春期生理卫生和晚婚节育课讲座列入了教学大纲，大力推广了湖南省落实毛主席关于在中学也加一门节育课指示的经验。

---

[1]　路遇：《新中国人口五十年》，中国人口出版社 2004 年版，第 1401 页。

[2]　彭珮云主编：《中国计划生育全书》，中国人口出版社 1997 年版，第 136 页。

1977 年，在党中央"抓纲治国"战略决策的指引下，文化部解放了 1973 年被江青宣判"死刑"的《计划生育》科教影片，安排了计划生育教育片、新闻纪录片《计划生育四种手术》和《青春期生理卫生》的摄制工作，拟拍一两部宣传晚婚和计划生育的故事片，并搞些独幕剧、小演唱、宣传画册等。

（六）计划生育领域的"拨乱反正"，人口理论研究开始复苏

粉碎"四人帮"以后，被迫停顿了二十多年的人口理论研究逐步恢复。

1974 年，北京经济学院、中国人民大学先后成立了人口理论研究室，为建立中国的马克思主义人口科学体系、培养人口学专业人才、普及人口科学知识、进行人口预测等，起了先导作用。1975 年，广东省先后举办了两期人口理论培训班。此后，全国有十几个省、自治区、直辖市及各大军区举办了人口理论学习班。1978 年 11 月 1—7 日，第一次全国人口理论科学讨论会在北京召开，标志着我国人口科学研究和计划生育已经摆脱极"左"思潮的束缚，开始走上科学、正常的发展轨道，第二个人口科学理论研究的春天已经到来。

（七）扩大计划生育的投入，充实基层建设

国务院决定随着经济的发展加大计划生育的投入，以期获得更大的人口控制效益。主要体现在两个方面：一是加大人力投入。在计划经济和人民公社时期，计划生育领导组织和办事机构只建到县级，镇和公社（街道）及机关、厂矿、学校均没有专门的办事机构和专（兼）职干部。从 1976 年开始，县以下各级都要建立办事机构、配备专（兼）职干部。到 20 世纪 80 年代全国计划生育专职干部发展到 15 万多人。二是扩大经费投入。由政府财政划拨的计划生育专项经费，1965 年全国为 2763 万元，全部由地方财

政支付；1973 年增至 12348 万元，其中中央财政支出 1500 万元，地方财政支出 10848 万元；1982 年增至 44676 万元，其中中央财政支出 7449 万元，地方财政支出 37227 万元。

（八）计划生育取得了应有的法律地位

1978 年 3 月 5 日，第五届全国人民代表大会第一次会议通过的《中华人民共和国宪法》第五十三条规定："国家提倡和推行计划生育。"计划生育列入国家大法，使计划生育有了合法的社会地位。1980 年 9 月 10 日，五届全国人大三次会议通过的《中华人民共和国婚姻法》第二条第二款规定："实行计划生育"；第五条规定："晚婚晚育应予鼓励"；第十二条规定："夫妻双方都有实行计划生育的义务"。晚婚晚育和计划生育，依法成为约束人们婚姻、家庭和生育行为的规范。新宪法把计划生育列入公民的基本权利和义务，这在我国历史上是第一次。

八 现行政策提出时期
（1979—1983 年）

从 1971 年国务院批发〔71〕51 号文件开始标志我国再次恢复实行计划生育，要求基本为"二孩"，即"一个不少，两个正好，三个多了"。经过 10 年的努力，人口自然增长率稳步下降，妇女总和生育率从 1970 年的 5.71 降到 1980 年的 2.24，接近人口发展更替水平 2.1。照此趋势，随着经济社会发展，生育率缓步降至更替水平下，应当是可预料的事。为什么在计划生育工作平稳发展的情况下，政府要下决心出台更为严厉的人口控制政策呢？这要从国情出发来考虑"人口控制迫在眉睫"的现实需要。

20 世纪 70 年代末 80 年代初，中国人口问题很严峻，总人口从 1970 年的 8 亿增长到 1980 年的 10 亿，10 年增长 2 亿人；20 世纪 50 年代、60 年代两次人口高峰叠加而正在形成第三次人口高峰。人口规律表明，人口高峰一旦出现，要调整到一个合理的人口结构，需要经过两三代人的时间。"人口多，底子薄，耕地少"是基本国情。"在生产还不够发展的条件下，吃饭、教育和就业就都成为严重的问题。"① 邓小平、陈云等领导人高度重视，反复强调要"限制人口增长"。陈云说，"人口是爆炸性问题"，"人口问题解决不好，将来不可收拾"②。因此，遏制住人口数量过快增长是当务之急。

1978 年 12 月，党的十一届三中全会实现了第二次伟大的历史转折，邓小平同志《解放思想，实事求是，团结一致向前看》的主题报告，是开辟新时期新道路、开创建设有中国特色社会主义新理论的宣言书。党的十一届三中全会做出若干新决策：把工作重点转移到社会主义现代化建设上来和实行改革开放。1979 年 4 月 5 日，中共中央决定实行"调整、改革、整顿、提高"方针。改变了国民经济比例严重失衡的状况；农村家庭联产承包责任制的诞生和确立，带来了农村改革的突破，促进了农业生产的发展。邓小平同志重申必须坚持四项基本原则，从而形成了新时期"一个中心、两个基本点"的党的基本路线。

第五届全国人民代表大会第二次会议于 1979 年 6 月 18 日至 7 月 1 日在北京召开。华国锋同志在五届人大二次会议的政府工作报告中指出，国务院根据 1978 年 12 月中国共产党第十一届中央委员会第三次全体会议的决策，决定从 1979 年起，把全国工作的着重点转移到社会主义现代化建设方面来，这是一个伟大的历史性转变。当前以及今后相当长一个历史时期，我们的主要任务，就是有系统、有计划地进行社会主义现代化建设。再一次阐明了

---

① 《邓小平文选》第 2 卷，人民出版社 1994 年版，第 164 页。
② 《陈云文集》第 3 卷，中央文献出版社 2005 年版，第 460 页。

实行计划生育，进一步降低人口增长率，对实现四个现代化的重要意义，并提出了 1985 年以前进一步控制人口增长的具体要求，他指出："今年我们要力争使全国人口增长率降到千分之十左右，今后要继续努力使它逐步下降，一九八五年要降至千分之五左右。"在此基础上，我们还要力争在 20 世纪末做到人口自然增长率为零，即人口不增长。

要把人口增加速度降下来，必须采取有力措施。许多地区已制定了一些控制人口增长的政策规定，并初步取得了效果，因此也希望国家有一个计划生育法，以利于计划生育工作的开展。今天立法，二十年见大效，为子孙后代造福。

1979 年邓小平同志主持起草的国庆 30 周年讲话强调：我们要在改革和完善社会主义经济制度的同时，改革和完善社会主义政治制度，发展高度的社会主义民主和完备的社会主义法制。在提出民主与法制的要求后，又第一次提出精神文明建设的任务。[①] 第一次提出要在建设高度物质文明的同时，"建设高度的社会主义精神文明"，从而相当完整地确定了富有中国特色的社会主义现代化的目标和纲领。

随着全党工作重点的转移，从理论上"拨乱反正"，对人口控制提出了新的要求，将人口发展与实现"四个现代化"紧密地联系起来。这是马克思主义"两种生产"原理的具体体现和应用，是党的十一届三中全会确定的控制人口工作方针中的一项重要内容。

随着建设中国特色社会主义事业中出现的新情况、新发展和取得的新经验，邓小平同志又提出在 21 世纪末实现翻两番、国民经济生产总值人均达到八百美元的小康社会目标，以及社会主义初级阶段论、社会主义市场经济论、社会主义本质论等理论，构

---

① 程中原：《中国特色社会主义理论体系形成过程的历史回顾》，《当代中国史研究》2008 年第 5 期。

建了完整的"邓小平理论体系"。这是党中央、国务院坚持实事求是的思想路线，汲取人口问题严重失误的教训，决心改变人口增长过快的局面，"拨乱反正"的成果。

1979年1月10日，国务院计划生育领导小组在北京召开全国计划生育办公室主任汇报会议，研究贯彻"最好一个，最多两个"的生育政策，推广"奖一胎，罚三胎"的规定；加强机构建设和宣传工作，基层公社一级配备专职干部等，这是计划生育工作的重点转移。许多代表在会上向党中央、国务院建议，国家制定《计划生育法》。

图1—4   国务院计划生育领导小组在北京召开会议

1979年1月14日，国务院计划生育领导小组在京部分成员听取起草《计划生育法》汇报，会上陈慕华建议：搞个小组，参加单位有计划生育办公室、劳动总局、国家计委、财政部、人口理论研究所，以这几家为主起草《计划生育法》，起草报告时报告要简明扼要，以测算资料为附件。国务院计划生育办公室随即召集有关部门进行人口发展预测，参加人员有李广元、宫希芳、张正卿、萧振禹等同志。这是我国第一次由政府出面进行的人口预测，标志着计划生育向科学化管理迈出重要一步。

陈慕华还指示，在起草报告期间可以先做宣传，新华社发个消息，《人民日报》发个社论。1月27日，《人民日报》发表《必须高度重视计划生育工作》社论，提出对"只生一胎，不再生二胎"的育龄妇女要给予表扬，对于生三胎或三胎以上的应从经济上加以必要的限制。

1979年4月5日，中共中央副主席李先念在中央工作会议上讲："鼓励一对夫妇最好只生一个孩子。"全国五届人大二次会议工作报告中也提出："要定出切实可行的办法，奖励只生一个孩子的夫妇。"8月11日，陈慕华在发表的《实现四个现代化，必须有计划地控制人口增长》文章中提出："必须大力提倡和推广一对夫妇只生一个孩子。这是使人口自然增长率降到零的主要办法，也是群众可以接受的办法。"①

1979年4月14日，王震同志批示：完全拥护"控制人口"增长计划具体条例。

在计划生育工作的重点转移时期，最明显的标志是中共中央将计划生育列为基本国策和发出《关于控制我国人口增长问题致全体共产党员、共青团员的公开信》。

1979年这一年被称为"思想解放年"。7月25日，一条新华社电讯引起了人们的注意：党组织为马寅初彻底平反、恢复名誉，马寅初和他的"新人口论"终于得到了应有的地位。当中共中央统战部负责人向马寅初宣布这个消息的时候，这位历经坎坷、年近百岁的老人说了这样一句话：二十多年前中国人口并不多，现在太多了。要尽快发展生产才行啊！

在"拨乱反正"的时代大背景下，这条消息向人们清晰地传

①　彭珮云主编：《中国计划生育全书》，中国人口出版社1997年版，第157页。

达了这样一个信号，那就是在这个国家，人口问题已经到了非常严峻的地步；在这个国家，计划生育将被提升到一个新高度，从此将成为一项基本国策。

随着马寅初的平反，越来越多的学者开始用更加开阔的视野思考中国人口问题。这一年年底，一次对新时期人口政策产生巨大影响的会议——第二次全国人口理论讨论会在四川成都召开。

改革开放后，在计划生育工作执行过程中遇到了许多新情况和新问题，如新《婚姻法》规定结婚年龄降低致使结婚人数陡增，特别是农村实行各种形式的生产责任制后刺激了农民的生育愿望。党和政府很快认识到了问题的严重性，并采取了有效抑制措施。

（一）领导亲自过问，组织上强化对计划生育的领导

邓小平同志曾讲："这（指人口问题——引者注）是一个重要问题。现在，我们正在把计划生育、降低人口增长率作为一个战略任务。我们提倡一对夫妇生一个孩子。凡是保证只生一个孩子的，我们给予物质奖励。"[①] "我们制定了控制人口的计划，争取到本世纪末（即20世纪末——引者注）不超过十二亿。……这个任务虽然很艰巨，但我们必须这样做。否则，我们的经济不能很好地发展，人民的生活也不能提高。"[②] "计划生育工作是一项战略性任务，一定要抓好，要大造舆论，表扬好的典型。"

我们要达到四个现代化的目标，必须有正确的政策，光讲空话不行。三中全会确定的思想路线就是实事求是，从实际出发来制定我们的方针和政策。"有一个问题是，到本世纪末，四个现代化要达到一个什么标准？要达到一个什么水平？现代化这个名词很好。……什么是现代化？一九七九年我回答日本大平首相说，

---

① 中共中央文献研究室编：《邓小平思想年谱（1975—1997）》，中央文献出版社1998年版，第135页。

② 同上书，第330页。

到本世纪末达到小康水平，达到国民生产总值人均一千美元。……我们经过反复研究之后，觉得可能一千美元还是高了一点，因为必须考虑到人口增长的因素。……所以我们把本世纪末的国民生产总值人均放在争取达到八百美元的水平上。到下一个世纪，再花三十年时间接近发达国家的水平。"[1] 邓小平同志已经将计划生育和实现国家的现代化这个宏大的主题联系在了一起。计划生育就这样成为领袖和人民的共同选择。在这之后，邓小平又多次提出计划生育这个关系中国现代化建设前途的重大命题。在改革开放的起点，中国共产党人对国情有着清醒的认识，这是新时期制定各项政策的依据。

1979 年 4 月 5 日，国务院批准成立国务院人口小组，任命栗秀真为组长。小组的任务是，对外负责与联合国人口基金会的联系和合作，对内负责协调外援基金、设备的分配和使用。

1980 年 2 月 11 日，《人民日报》发表题为《一定要有计划地控制人口增长》的社论，认为必须把计划生育工作的重点放到"提倡一对夫妇生一个孩子"上来是降低人口出生率、缓解人口出生高峰的唯一的、最好的办法。这篇社论推出之后，社会各界对"只生一个好"的政策方向反响热烈。

1980 年 9 月 25 日，中共中央发出《关于控制我国人口增长问题致全体共产党员、共青团员的公开信》，表明中央对计划生育的重视。

1981 年 3 月 6 日，第五届全国人民代表大会常务委员会第十七次会议决定：为了加强对计划生育的领导，设立国家计划生育委员会。会议同时任命陈慕华副总理兼任国家计划生育委员会主任，钱信忠、崔月犁、栗秀真、顾秀莲为副主任。

作为国务院常设机构的国家计划生育委员会正式成立。随后，

---

[1]　中共中央文献研究室编：《邓小平思想年谱（1975—1997）》，中央文献出版社1998 年版，第 424 页。

全国计划生育工作体系一直建立到了全国的各个社区、村寨,几乎所有的中国家庭都被纳入了这个体系。

1981年9月10日,中共中央书记处第122次会议讨论陈慕华《关于计划生育工作的汇报》。会议认为:"农村实行各种形式的联产计酬责任制后,我国的计划生育工作面临着一些新的情况。我们必须根据新的形势和实践经验,对计划生育工作的方针政策进一步加以研究,使其更加符合实际情况,而为广大群众接受,经过工作可能实现。……至于农村计划生育政策放宽到什么程度,有两个方案:第一,提倡一对夫妇只生一个孩子,允许生二个孩子,杜绝多胎;第二,一般提倡每对夫妇只生一个孩子,有实际困难的,可以批准生二个孩子。"① 会议决定先征求各方面意见,10月底拿出一个简明扼要的文件,先发各省、市、自治区党委征求意见,然后在11月中旬中央工作会议上再征求各省、市、自治区党委书记的意见。

1981年11月30日,时任国务院总理赵紫阳在全国五届人大四次会议的《政府工作报告》中指出:厉行计划生育,严格控制人口增长,是一项长期的战略任务。

1981年9月15日,七机部二院完成了第二次预测,即"对我国未来人口发展的再次预测"。预测综合七种方案,即全国平均妇女生育子女数为1.98—2.2个孩子,不论采用哪种方案,都将有以下结论:(1)到20世纪末,我国的人口平均增长率均大于1%;(2)人口增长均要持续70年左右,大约到21世纪中期才有可能出现人口停止增长的趋势;(3)到20世纪末我国人口总数必将突破12亿,最高可超过12.9亿;(4)在70年后,我国人口将超过15亿,最高可达18亿左右。

1982年2月9日,中共中央书记处根据第122次会议的决定,

---

① 彭珮云主编:《中国计划生育全书》,中国人口出版社1997年版,第473页。

以中发〔1982〕11 号文件，发出了《进一步做好计划生育工作的指示》，指出："目前突出的问题是，我国人口自然增长率面临回升趋势。"重申了既定的生育政策、宣传《公开信》、对独生子女及家庭给予奖励和照顾、两种生产一起抓等具体政策。《人民日报》报道了中共中央的指示，配合发表题为《坚持科学的正确的人口政策》的社论（1982 年 3 月 14 日）。社论提出，为了保证人口政策的顺利执行，实行一些奖励和限制是必要的。4 月 15 日，中共中央书记处会议再次讨论计划生育工作，强调指出："计划生育工作十分重要。目前，不少地方人口控制得不好。这一件事，一定要认真抓紧，千万松不得。"①

10 月 20 日，中共中央办公厅、国务院办公厅以中发办〔1982〕37 号文件转发的《全国计划生育工作会议纪要》中强调："实行计划生育，是我们国家的一项基本国策，关系到我国建设高度的物质文明和高度的精神文明的大事。我们国家能否在本世纪末实现'小康'水平，同控制人口的关系极大。"②

（二）确立计划生育为基本国策，逐步走向法治化

1981 年 1 月开始实施的新《婚姻法》中提出了全民实行计划生育的明确要求："夫妻双方都有实行计划生育的义务。"

1982 年 9 月 1 日，中国共产党第十二次全国代表大会报告指出："在我国经济和社会的发展中，人口问题始终是极为重要的问题。实行计划生育，是我国的一项基本国策。到本世纪末，必须力争把我国人口控制在十二亿以内。我国人口现在正值生育高峰，人口增长过快，不但将影响人均收入的提高，而且粮食和住宅的供应、教育和劳动就业需要的满足，都将成为严重的问题，甚至可能影响社会的安定。所以计划生育工作千万不能放松，特别是

---

① 彭珮云主编：《中国计划生育全书》，中国人口出版社 1997 年版，第 473 页。
② 同上书，第 22 页。

在农村。对农民要进行深入细致的思想教育。只要我们的工作做好了，控制人口的目的是能够达到的。"这个时期，党中央、国务院制定了我国的人口政策，即"控制人口的数量，提高人口的素质"①。

1982 年 12 月 4 日，五届全国人大五次会议通过新的《中华人民共和国宪法》，进一步强化了计划生育的法律地位。《宪法》第二十五条规定："国家推行计划生育，使人口的增长同经济和社会发展计划相适应"；第四十九条第二款规定："夫妻双方有实行计划生育的义务"；第八十九条和第一百零七条规定："国务院和县级以上人民政府依法领导和管理计划生育"。毫无疑问，各级政府推行、领导和管理计划生育，是《宪法》赋予的权力和行政职责，大大增强了计划生育管理机构和运行机制的权威性。

（三）　推行干部工作责任制和签订计划生育合同书

20 世纪 80 年代初，人民公社解体、分田到户，一些农村地区推广了"双包合同制"，每对夫妇要签订合同，向国家交出一定数额的农产品并要实行计划生育。在此基础上进一步发展成"计划生育合同制"，即"目标管理责任制"，目的是使国家的计划生育政策在地方上推行时不至于被削弱。从 1981 年开始，在一些地区推广"干部工作责任制"和"个人和小组责任制"，保证本单位不超越生育计划。此后，计划生育指标与各级领导政绩挂钩，严格实行一票否决制度。计划生育工作由国家决定法规和指导思想，把人口发展计划下达到省，然后再下达到各级政府，最终落实到育龄夫妇。通过"干部工作责任制"和"目标管理制"，签订计划生育合同，在建立和完善农业生产责任制的同时，落实生育责

---

① 参见中国共产党第十二次全国代表大会报告，《人民日报》1982 年 9 月 11 日。

任制，促进了计划生育工作发展。

（四）广泛开展宣传活动

1980 年 2 月 2 日，国务院计划生育领导小组、全国总工会、共青团中央、全国妇联等单位，召开婚姻、家庭、计划生育新风尚座谈会，党和国家领导人余秋里、王震、谷牧、陈慕华、薄一波、王首道和人民解放军的领导参加了会议，介绍推广在建设精神文明中处理婚姻、家庭、计划生育问题上，破旧立新、移风易俗的体会和经验。会议还提出，把计划生育工作重点放到抓一对夫妇最好生一个孩子上，这是解决人口问题的一项战略任务。[①]

1982 年 12 月 22 日，在人民大会堂召开的"首都计划生育宣传月动员大会"上，中共中央政治局委员、书记处书记、国务院副总理万里，中共中央书记处候补书记郝建秀，代表中共中央、国务院讲话。宣传工作的重点是：计划生育是一项基本国策，20世纪末将人口控制在 12 亿左右的大目标，以及提倡一对夫妇只生一个孩子。

1983 年 1 月（元旦至春节期间），经中共中央书记处、国务院批准，由中共中央宣传部牵头，十几个部门参加，国家计生委组织实施，开展了声势浩大的全国计划生育宣传月活动，一个月之内全国培训干部近 1900 万人，培训医务人员近 134 万人；干部受教育面为 90.47%，群众为 84.1%；共落实节育措施 444 多万例；95.6 万多对夫妇领取了独生子女证。[②]

同年 2 月 23—27 日，在天津召开了全国宣传月经验交流会。中共中央政治局委员、国务院副总理万里批示说："宣传月的成绩必须充分肯定，行之有效的措施必须坚持下去。"国家计生委主任钱信忠全面系统地总结了宣传月的经验，特别强调了党委真正重

---

①　参见中国共产党第十二次全国代表大会报告，《人民日报》1982 年 9 月 1 日。
②　参见国家计划生育委员会《计划生育工作简报》，1983 年 1 月 28 日。

视、第一把手亲自抓是搞好计划生育工作的根本保证，"算账对比"是宣传的一个重要方法。

(五) 国家计生委又抓了几件大事

一是在昆明召开了全国人口发展区域规划会议，决定在山东、湖南、新疆三省区进行试点。会后，给国务院写了《关于制定全国人口发展区域规划工作的报告》。国务院很快以国发〔1983〕113 号文件批转了这个报告 (1983 年 7 月 16 日)。二是发布了《全国千分之一人口生育率抽样调查公报》：全国 15—49 岁的育龄妇女 1.7 亿；采取各种节育措施的 1.18 亿；全国只有一个孩子的夫妇为 3300 万对，领取独生子女证的 1400 万对。这是有史以来最大的一次人口计划生育抽样调查，摸清了家底，弥补了我国四十多年妇女生育状况的空白，为计划生育工作的顺利开展明确了目标。三是在山东省荣城县召开了"全国计划生育工作荣城现场会"，推广了荣城县的"三为主"(宣传教育、避孕、经常工作为主)经验，并将"三为主"确立为计划生育工作的指导方针。四是在辽宁省金县召开了全国计划生育科研工作座谈会，讨论了1986—2000 年的科技发展设想提纲、科研管理条例、建立县级计生宣传技术指导站和建立计生专业技术队伍等问题。

(六)《公开信》的来龙去脉

1. 制定《计划生育法》的提出

1979 年 1 月，根据全国五届人大会议代表提案，国务院计划生育办公室召开两次讨论《计划生育法》的会。10 月国务院领导同志又主持听取了制定《计划生育法》的会。国务院计划生育办公室为贯彻邓小平、王震同志的批示，从 1979 年 2 月底着手进行人口发展预测；会同劳动总局、财政部等部门和中国社会科学院，以及有关大学等学术科研部门，起草《计划生育法》。

1979 年 1 月 24 日，农林部两位同志致信邓小平、李先念、陈慕华同志："我国人口增长很快，解放以来已增加四亿多人，'文化大革命'以来就增加了二亿多，相当于美国的总人口，一九七七年总人口已达九亿四千万人，现在是一年净增一千二百万的速度上升，到二〇〇〇年有可能要突破十二亿。人口增加过快，决不是一件好事，他要吃饭、穿衣、上学、就业，等等，会给国家增加负担，不得不给社会带来严重问题。"并提出了对控制人口增长的六点建议。第六点是"应由法律保护，违犯者以法律论处"。

2 月 2 日，陈慕华同志建议将此信印发政治局委员、人大常委会副委员长、国务院副总理，请邓小平、李先念同志批示。

一周后，邓小平同志批示："建议好好议一下，规定一些政策，以限制人口增长，看来是必要的。"（李先念已圈阅）王震同志批示："这个建议很值得重视并可广泛征求建议，整理由国务院提请人大常委会审核通过控制人口的法令。"

1979 年 4 月 20 日，中国人民大学刘铮、邬沧萍、林富德教授向中央提出"控制我国人口增长的建议"，建议主要内容是国家要真正把控制人口增长纳入国民经济计划，把控制人口作为高速度发展国民经济的一个重要环节，大力控制三胎、提倡一胎。陈慕华同志觉得这篇文章不错，请示李先念副主席，是否可以印发给参加中央工作会议的同志参阅。李先念副主席批示：同意印工作会议同志参阅。事后，新华社发了消息。

1979 年 4 月 26 日，陈慕华主持讨论起草《计划生育法》的会议，参加会议的有国务院办公室、财政部、民政部、卫生部、妇联、总工会、总后勤部、劳动总局、商业部及中国人民大学、北京大学等部门或单位。她说：是搞法好，还是搞条例好，我征求了乌兰夫、姬鹏飞同志的意见，他们认为，搞个法太严肃了，利弊要权衡，重要的是政策要对头。

图1—5　1979年4月26日在国务院召开讨论起草《计划生育法》会议

图1—6　1979年10月16日召开讨论《计划生育法》会议

　　1979年10月16日，李先念亲自主持会议讨论《计划生育法》（第三草稿）。参加会议的同志有王震、陈锡联、耿飚、纪登奎、谷牧、陈慕华、庄彤等中央、国务院领导和有关部委领导，会上领导都做了发言。陈慕华说：立法很重要，立法风已吹出去了。华国锋、叶剑英、邓小平都讲了，还是要立法。谷牧说：同意发个法。

在 1979 年 12 月初召开的"全国计划会议"上，根据领导意见，《计划生育法》（第四稿）提交人大常委会委员带回去征求意见。截至年底，全国已有 27 个省、市、自治区制定了计划生育工作条例。

图 1—7　第二次全国人口理论科学讨论会在成都召开

1979 年 12 月 7 日至 13 日，第二次全国人口理论科学讨论会在成都召开。专家们呼吁，要采取提倡一对夫妇只生育一个孩子的断然措施。陈慕华在讲话中提出："提倡一对夫妇最好生一个孩子，是我们计划生育工作的着重点转移。这是我国目前人口发展中的一个战略性要求，我们要不断提高对这个问题的认识，并积极宣传，把情况如实地向人民讲清楚。不少地方的经验证明，只要我们把为什么'最好生一个'的道理讲清楚，群众是会接受的。"

1980 年 1 月 22 日，陈慕华在全国计划生育科技专业会议上讲：邓副主席还说，我们要实现中国式的"四个现代化"，在 20 世纪末，使我国国民收入平均达到一千美元。这个计算的数字，是在我们做好计划生育工作，使 2000 年人口保持在十二亿左右这个水平上提出的。……目前正在制定计划生育法，还需经过有关方面的讨论。会议的集中议题是有关"提倡一对夫妇只生育一个孩子"对于人民生活、社会发展的影响，如"四二一"家庭结构的形成、人口老龄化、人口就业、人口红利以及只生一胎是否会影响中国人的智商水平等问题今后对国家的影响。许多与会者认为两害相权取其轻，任何暂时的困难和我们可以预测的危机在当时的庞大人口数字面前都显得苍白无力，我们已经错过了控制人口的最佳时期，"提倡只生一个"的计划生育政策虽然严苛但是有效。

图 1—8　1980 年 1 月 13 日，在北京召开全国计划生育科研专业会议

1980 年 1 月 31 日，《世界经济调研》第 5 期上发表了《关于我国人口发展问题的定量研究报告》。这是在第七机械工业部二院副院长宋健的带领下，时任二院总体设计部副主任的于景元等人运用控制论，建立了数学模型，对 20 世纪末我国人口增长的发展趋势进行的预测：如果育龄妇女从 1980 年以后，保持 1975 年的生育水平，我国 2000 年人口为 14 亿，2050 年为 22 亿；平均生 1.5 个孩子，到 2000 年人口为 11.25 亿，2050 年为 10.82 亿；平均生 2 个孩子，到 2000 年人口为 12.17 亿，2050 年为 15.32 亿；平均生 2.3 个孩子，到 2000 年人口为 12.82 亿，2050 年为 19.03 亿。

文章发表以后，王震看后，将该文章及批语送胡绩伟同志（时任《人民日报》社社长）："七机部第二研究院宋健、于景元、李广元同志所写《关于我国人口发展问题的定量研究报告》我读了，《人民日报》的编者按也读了。陈云同志早几年就非常严肃地、科学地把人口增长问题和控制其增长提到国民经济计划的出发点地位，他说用两年时间大宣传一对夫妇在规定生育年限中只生一个孩子。我认为这实在是太重要了，你们可否向陈云、耀邦同志请示一下。"2 月 25 日，陈慕华转报政治局。

为控制我国人口到 2000 年不超过 12 亿，根据专家、学者预测结果，提出了多种方案，而最后集中在七机部二院于景元、李广元等同志"对我国未来人口发展的预测"的三种方案上，需要特别说明的是第一种和第三种方案。第一种是低位测算方案，一对夫妇生育一个孩子，对控制人口增长最有效，20 世纪末总人口不超过 11 亿，自然增长率也接近于零。但是，考虑到当时我国经济和文化发展水平不高，相当一部分人不愿意只生一胎，少数民族还普遍生三四胎以上，再加上各种其他情况，实际上全部只生一胎是做不到的。第三种是高位测算方案，即按当时的生育水平发展下去，大约 40 年后总人口可翻一番，2020 年将达 19 亿以上，人口问题将变得更加严重，国家不能承受。比较统一的意见是用第二种中位测算方案来考虑人口发展规划，即除少数民族外，汉族地区提倡生一胎，使之比例逐步提高到 60%，同时逐步减少三胎，这样矛盾可能缓和一些，阻力可能小一些，工作可能好做一些，群众可能容易接受一些。

1980 年 2 月 11 日，《人民日报》发表题为《一定要有计划地控制人口增长》的社论，认为尽快地把计划生育工作的重点放到提倡一对夫妇生一个孩子上来，是降低人口出生率、缓解人口出生高峰的唯一的、最好的办法。接着，国务院计划生育领导小组办公室组织专家、学者对只生育一个孩子的利弊得失反复做了论证，初步认同了以普遍提倡一对夫妇只生育一个孩子为主基调的生育政策。

提交人大常委会委员征求意见的《计划生育法》（第四稿）陆续返回。当时全国人大常委会副委员长彭真对制定《计划生育法》提出不同意见。中央领导认为既然搞《计划生育法》不适时宜，还是以宣传教育为主。搞宣传教育如何代表中央的声音，经过征求各方面的意见，大多数认为最好的形式是发表一封《公开信》，中央采纳了这个建议。

2.《公开信》的诞生

4 月 2 日上午，时任中共中央总书记指示由冯文彬（中办副秘书长）牵头、中央办公厅具体经办，召集有关部门开会，将研究《计划生育法》改为如何写好《公开信》。会议起初在中南海会议室召开，由于讨论热烈，4 月 2 日下午又移址人民大会堂讨论，为了慎重和充分听取意见，决定下次会议择日再开。4 月 12 日，讨论会继续在人民大会堂召开，由吴阶平主持，又扩大了代表范围。参加会议的有农委、计委、卫生部、商业部、财政部、教育部、劳动总局、总工会、中国人民大学、北京大学、经济学院、医科院等单位和部门的代表五十多人。

经过反复酝酿、研究，先请航天部二院的宋健副院长负责组织起草《公开信》。草稿写出后，送中央领导审阅。胡乔木看后，给宋健写了一封回信，指出：这篇文章的缺点是不适宜于告党团员书这样的要求，说到的材料不尽通俗（按对全国亿万人民说话的标准说）和切合当前主要论题，广大群众最关心的问题解答不够，同时，篇幅也长一些。因此，建议这个稿子稍加修改作为宣传论文发表，告党团员书全文最好能不超过五千字。

图1—9　1980年4月12日下午在人民大会堂陕西厅讨论《公开信》

这样，公开信草稿在原有的基础上需要重写。由国务院计划生育领导小组办公室王连城同志继续征求各方面意见，多次召集专家、学者和实际工作人员讨论、修改，然后报送中央。

《公开信》送审稿再经中央办公厅苏沛、梅行同志多次修改后，根据中央书记处安排，再次讨论，然后报胡乔木同志最后定稿。1980年9月25日，发表了《中共中央关于控制我国人口增长问题致全体共产党员、共青团员的公开信》，阐述了控制我国人口增长、提倡一对夫妇只生育一个孩子的重要性和必要性；回答了一些人们关心的人口问题；明确指出，一对夫妇生一个孩子不是永久的政策，"从现在起用三四十年特别是最近二三十年的时间普遍提倡一对夫妇只生育一个孩子"，对"某些群众确实有符合政策规定的实际困难，也可同意他们生育两个孩子，但是不能生3个孩子"。这就是说，提倡一对夫妇只生育一个孩子，不是"万岁"政策，而是一代人的政策。当三四十年后，特别紧张的人口增长问题得到缓解，也可以采取不同的人口政策。

　　为了认真贯彻《公开信》精神，10 月 7 日在京召开了全国计划生育办公室主任座谈会，重点讨论了如何提倡一对夫妇只生育一个孩子及独生子女奖励办法、资金来源和几个优先的政策问题，包括入托、入学、就医、招工、招生、住房农村宅基地和自留地等具体问题。

　　3. 国策下的中国计划生育"大人口观"

　　《公开信》结合我国的实际情况，经过深思熟虑和以科学依据提出了一项高瞻远瞩的"大人口观"。人口是国家和民族之本，更是无数个体生命的集合。人口不只是实现其他宏大目标的手段，更是目标本身。人口政策涉及的并不是一串冷冰冰的数字，而是一个个活生生的人，影响着每一个孩子、每一个家庭的幸福。新中国成立以来，人口和计划生育工作走过了曲折、悲壮、辉煌的历程。所谓"曲折"，是因为我们在人口问题的认识上出现过反复和偏差；所谓"悲壮"，是因为广大群众特别是育龄夫妇为落实基本国策做出了巨大奉献和牺牲；所谓"辉煌"，是因为在社会生产力尚不发达的情况下，用不到 30 年的时间，完成了人口再生产类型的历史性转变，进入低生育水平国家行列。低生育政策是在中国经济处于战略转移、人口快速增长并严重制约生产力发展的背景下提出来的。低生育政策实行，使妇女总和生育率降低到更替水平以下，绝不是一些人简化为"一胎化"的政策，更不是"十二亿人口控制目标是错误选用控制量预测的结果"。这是一个负责任的政府，是一个以民心为重的政府，对百姓愿望的人性接纳。尽管计划生育面临着难以想象的困难和阻力，但是绝大多数中国人，甚至绝大多数中国农民，已经理解并且接受了国家人口政策对公民生育的干预。而国家也考虑到了农村居民的现实利益，在计划生育政策上做出了适当的调整。在少数民族地区，计划生育政策更加宽松，人们可以生育三个孩子，有些少数民族地区，甚至不限制生育。

图 1—10　从党报看计划生育政策演变

三十多年的实践证明，《公开信》表述了我国完整的生育政策，充分体现了政策的可行性、科学性和连续性。

九　缓和渐变开口时期
（1984—1987 年）

《公开信》发布后，1983 年掀起的节育高潮的某些做法受到了一些群众的质疑，内容不仅仅是反对计划生育中的"强迫命令，违法乱纪"，更主要的是反对搞结扎以杜绝多胎。这本来是一个工作方法问题，在计划生育工作中采取强制措施属个别现象，是由于个别地方干部和工作人员方法简单造成的，发现类似情况，政府可以采取坚决措施予以制止，通过批评教育等方法加以纠正。令人遗憾的是，当人们吃完第十个饼不再肚饿时，将前九个饼的功劳忘得一干二净。希望计划生育工作"合情合理、群众拥护、干部好做工作"是正确的,对工作中揠苗助长的错误应给予指正,帮助扭转,何况是好心办了一些过激的事。然而,事物的发展往往出人意料。必然性常常为偶然性所取代,甚至使偶然性转化为必然性。于是先前制订的计划生育宣传和其他活动被取消了。书记处又决定,预定的"计划生育先进集体和先进个人代表会"推迟到下一年召开,原因是当前计划生育工作有强迫命令、违法乱纪、很脱离群众的现象,要先调查研究,总结经验后再说。

为妥善处理 1983 年某些地区对计划生育的不良反映,1984 年 1 月 19 日,中共中央书记处第 108 次会议听取了时任国家计划生育委员会主任王伟的工作汇报。书记处提出具体意见,其要点是:抓紧抓好计划生育工作的标志是发扬成绩、克服缺点、解决问题;要把计划生育政策建立在合情合理、群众拥护、干部好做工作的基础上;要进一步完善计划生育工作的具体政策,主要是:(1) 对农村继续有控制地把口子开得稍大一些,经过批准有的可以生二胎。(2) 坚决制止大口子,即严禁超计划生育。(3) 严禁徇私舞弊,对在生育问题上搞不正之风的干部要坚决予以处分。(4) 对少数民族的计划生育问题,要规定适当的政策。①

1984 年 2 月 27 日至 3 月 7 日在北京召开了全国计划生育委员会主任会议,传达贯彻中央书记处第 108 次会议精神,安排今后工作。会后国家计生委党组向中共中央递交《关于计划生育工作情况的汇报》,该《汇报》中提到"我们赞成'开小口子,堵大口子'的意见。……把二胎照顾面扩大到百分之十左右"。"开小口",是把照顾生二胎的面再放宽一些;"堵大口",是减少超计划的二胎和三胎以上的生育。这是从山东省烟台市计划生育工作

---

① 彭珮云主编:《中国计划生育全书》,中国人口出版社 1997 年版,第 473 页。

中总结出来的经验。受到时任国务院总理的肯定和国家计划生育委员会领导的赏识。①

　　在承认计划生育工作中曾经出现一些过激做法时，时任国家计生委主任王伟说，自1984年以来计划生育的工作方法已有所改进，"由于任务重了一些，要求急了一些，加之我们没有有效地给予指导，一些地区曾发生了一些简单粗暴、不合情理的事情，一度曾使党群关系变得紧张起来"。工作作风的一个显著改进就是"不再采取强迫命令了"，"认清强迫命令的危害，克服那种认为强迫措施是不可避免的观念"。②

　　1984年4月13日，中共中央以中发〔1984〕7号文件批转了《关于计划生育工作情况的汇报》，明确指出要进一步完善计划生育工作的具体政策，"要把计划生育政策建立在合情合理、群众拥护、干部好做工作的基础上"，"为到本世纪末把我国人口控制在十二亿以内，要继续提倡一对夫妇只生育一个孩子"。并提出"对农村继续有控制地口子开得稍大一些……坚决制止大口子，即严禁生育超计划的二胎和多胎"③。

　　1984年7月30日，国家计生委两个干部对《公开信》提出质疑，给中央领导写了题为《人口控制与人口政策中的若干问题》的报告："人口控制目标为'12亿以内'是否是一个实事求是、合情合理的指标呢？""十二亿人口控制目标是错误选用控制量预测的结果。""十二亿人口控制目标与我国人口年龄结构及其发展趋势不符。"报告还"从计划生育的实践分析十二亿人口控制目标的弊病。……认为是'钢铁指标，豆腐办法'，这里有思想认识问题，也有指标过紧问题"。"我们建议……从实情和多数群众意愿

---

①　参见国家计划生育委员会《计划生育工作通讯》增刊（1），1985年5月，第16页。

②　王伟：《关于计划生育工作问题》，《人口与经济》1986年第2期。

③　彭珮云主编：《中国计划生育全书》，中国人口出版社1997年版，第24页。

出发，上下结合地制定本地的人口发展计划，让地方的自主权稍大一些……"①

很快，该报告以《中央书记处会议参阅文件》（〔1984〕21号）发送有关领导。8 月 6 日发送到国家计划生育委员会。这一"尚方宝剑"后来变成为计划生育"开口子"的依据。这是国家计划生育委员会领导早有准备的，正如王伟在全国人口规划会议上讲的："7 号文件正式下发前，国家计生委就有意识地把中央的一些思想，陆续地下毛毛雨式地跟大家通气。我怕猛然一下子全部端出来，大家精神准备不足。"当然也包括给中央写报告的人事先便下了"毛毛雨"。

国家计生委公开《人口控制与人口政策中的若干问题》的报告后，航天工业部李广元、孙以萍、于景元同志给中央领导写了关于《本世纪末十二亿人口指标和下个世纪的长远目标》的报告：我们也认真分析和研究了《人口控制与人口政策中的若干问题》一文，认为主要目的是想修改 12 亿人口指标和放宽人口政策。对文中不实之处进行了新的预测，如果采取两孩加间隔方案 20 世纪末我国人口将突破 13 亿。

国家计生委将"开口子"作为计划生育工作改革的重点任务来抓，不断发出以"开小口子"为核心、"人口控制目标要有弹性"的"完善生育政策"的指示。王伟在多次会议上讲："完善政策是缓和渐变的长过程。随着多胎的减少，小口子还可以继续开大，不要封顶。""大家千万不要把思想固定在哪一点不动。我们的思想也不要'封顶'。"②

在国家计生委的影响下，全国各省、自治区、直辖市纷纷制

---

① 彭珮云主编：《中国计划生育全书》，中国人口出版社 1997 年版，第 575 页。注：该书出版时对原稿进行了一些修改，与原稿有较大出入。

② 参见国家计划生育委员会《计划生育工作通讯》增刊（1），1985 年 5 月，第52 页。

定了一些不封顶的开口子条件和标准，出现了一些多样政策的"开小口"形式。到 1986 年年底，各地农村共有五种不同的生育政策。

其一，规定若干种情况可以生两个孩子，照顾面占一孩夫妇的 10%—20%。沿海省市和平原地区一般采取此办法。

其二，已生育一个女孩的可以再生育一个孩子。山东有 40% 的县，浙江南部多数地区，广东、广西等采取此办法。辽宁拟在两年左右时间推广。

其三，边远、少数民族和渔民等特殊地区的人群，按照适当的条件，每对夫妇生育两个孩子。

其四，按照自然条件、人口密度、经济、文化、交通、医疗状况，以及计划生育工作基础，规定不同的生育数量。

其五，根据多胎生育减少的程度，扩大照顾生两个孩子的范围。

1984 年年底，国务院经济研究中心副总干事马宾讲：国家计生委主要领导提出以后只搞中长期计划，撤销年度计划指标，也不再搞全国人口区域规划，还提出"思想不要封顶"，"最后到普遍生两个"，群众乃至国外舆论界由此得出"政策变了"的结论，结果"二胎面越开越大，成为全国性的普遍现象"，导致农村人口严重失控。[①]

国家计生委主要领导人在贯彻中央"完善生育政策"的精神时择需所取，提出了含混不清的政策。把完善生育政策简单化为"开口子"；抓紧抓好计划生育的标志是"社会效益为唯一准则"，"发扬成绩、克服缺点、解决问题"[②]。

中央让搞一两个县进行"开小口"试点，不要广泛宣传。国家计生委却扩大宣传试点工作，在全国直接抓了 46 个试点县。

① 马宾主编：《中国人口控制：实践与对策》，中国国际广播出版社 1990 年版，第 8—9、70—71 页。

② 参见国家计划生育委员会《计划生育通讯》增刊（1），1985 年 5 月，第 62 页。

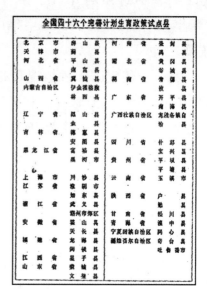

图1—11   46个试点县及计算生育工作情况分析

试点县基本分五类：（1）区别对待，分类指导；（2）在农村允许独生子女户再生一个，二胎照顾面为50%—70%；（3）规定若干个条件，允许生育二胎，照顾面为10%—50%；（4）农村实行晚婚晚育加间隔普遍生育二胎；（5）少数民族地区实行特殊政策。这与国家计生委给中央的报告中讲的"我们考虑再增加几项，把二胎照顾面，扩大到10%左右"①完全相悖。王伟还说："要把点上的经验迅速推广到面上去，主要是推广基本经验，而不是具体做法。……推广的经验不一定是完全成熟的可以是一种苗头。"②

1986年5月9日，中共中央以中发〔1986〕13号文件批转国家计生委《关于"六五"期间计划生育工作情况和"七五"期间工作意见的报告》的通知，明确要求："'七五'期间正值人口生育高峰，各级党委和政府务必高度重视，继续加强对这项工作的

---

①   彭珮云主编：《中国计划生育全书》，中国人口出版社1997年版，第26页。

②   参见国家计划生育委员会《计划生育通讯》增刊（1），1985年5月，第75页。

领导，切不可掉以轻心，疏忽大意。人口的增长必须严格控制。一定要把计划生育工作放在非常重要的地位，坚持不懈地抓下去。"① 文件强调加强计划生育工作同卫生、民政、计划、财政、医药、工商等部门，以及工会、共青团和妇联等组织间的协调。在重申以宣传和教育为主、通过改进工作作风来改善计划生育工作干部同人民群众的关系的同时，还强调必须抓出实效来。这样做是为了确保"七五"计划期间人口控制目标的实现，也是为了至少在下一个十年稳定国家的人口政策。② 中国人口政策的基本点仍然是："提倡晚婚晚育。所有国家干部、工作人员、工人和城市居民只能生育一个孩子，特殊情况和经过批准的除外。在农村也应广泛提倡一对夫妇只生一个孩子，但确有困难的可有计划地安排生育第二胎，禁止计划外的二胎和多胎生育。少数民族原则上可生育二胎，个别情况下也可生育第三胎。"③

　　1984—1987 年，四年共出生 9565 万个孩子，出生率回升到 22‰以上，总和生育率 1988 年又回升到 2.59，形成了第三次人口出生高峰。这次人口增长高峰形成的原因与前两次也不相同。有 20 世纪 50 年代第一次人口增长高峰期出生的人口陆续进入婚育期，形成不可逆转的周期性反映；农村实行联产承包责任制以后，流动人口的计划生育管理不到位，致使超生严重，越发加剧了失控。但是最重要的是，将"开口子"取代了"提倡一对夫妇只生育一个孩子"作为计划生育工作重点转移的任务，打破了出生率连续 15 年持续稳定下降的良好局面，计划生育工作出现了"一折腾"的现象。所幸，不少地区坚持不执行"思想也不要'封顶'"的"开口子"办法，有限制地搞试点工作，否则，回升局面将会更严重。

---

① 《从实际出发　不断完善生育政策》，《健康报》1986 年 8 月 15 日。

② 《坚决纠正有些地方的放松与自流现象要见诸行动》，《中国计划生育报》1987 年 9 月 4 日。

③ 彭珮云主编：《中国计划生育全书》，中国人口出版社 1997 年版，第 476 页。

表1—1　实行独女户政策的试点县计划生育统计分析

	出生率(‰)		自增率(‰)		计划生育率(%)		计内二孩率(%)		计外二孩率(%)		多孩率(%)		节育率(%)	
	1985年	1985年比1984年	1985年	1985年比1984年	1985年	1985年比1984年	1985年	1985年比1984年	1985年	1985年比1984年	1985年	1985年比1984年	1985年	1985年比1984年
合计	11.02	+1.48	4.81	+0.21	97.7	+0.8	13.26	+10.4	2.10	-0.6	2.32	+1.8	89.9	-2.4
金县	10.25	+2.04	5.06	-0.37	99.9	+0.1	5.17	+2.0	0.04		0.09	+0.1	90.1	-0.3
黑山县	11.64	+2.74	5.34	+2.01	99.0	+0.1	6.43	+4.3	0.01	-0.1	0.18	+0.1	87.1	
德赢县	9.83	-0.19	4.71	-0.25	96.4	+2.8	5.67	+3.2	3.60	-2.4	0		96.7	
富裕县	10.01	+0.51	5.04	+0.46	98.7	+1.5	19.51	+5.5	1.15	-1.4	0.41	+0.2	90.8	-4.8
荣城县	12.18	+2.28	5.61	+2.19	99.9	+0.1	17.60	+16.6	0.39		0		88.8	-6.2
文登县	13.91	+3.11	7.34	+3.06	99.9	+0.1	28.49	+27.2	0.06	-0.1	0		87.1	-3.1
湖州郊区	8.60	+1.07	0.44	+1.88	96.4	-1.3	14.25	+11.2	3.46	+1.3	0.33	+0.3	88.9	-3.0
翟山县	12.82	+1.72	5.80	+1.79	85.6	+2.0	14.83	+6.7	12.7	-0.4	1.70	-1.5	87.8	-0.6
天长县	9.93	+0.43	4.88	+0.78	97.7	+1.6	6.01	+3.1	2.22	-1.3	0.12	-0.3	82.5	+0.3

资料来源：萧振禹收集的第一手会议资料。

针对 1984—1986 年人口加剧回升的事实，主要是当时国家计生委主要领导布置的试点面过宽，在全国产生了很大负面作用，成为人口研究和计划生育工作实践争论的焦点。一些实际工作者和热心关注我国人口问题的人士纷纷向中共中央反映情况。对此，《人民日报》《中国日报》等媒体都有报道，如上一年我国人口出生率明显回升：自然增长率 14.08‰高于前年；各地应重视计划生育工作。

1986 年 7 月 18 日，国家科学技术委员会给中央并报邓小平同志的《关于我国人口增长趋势的报告》中指出：

> 鉴于人口问题的严重性和目前的趋势，科学家们纷纷建议中央要重申严格实行计划生育的国策，一刻也不能放松，重新审查当前正在推行的多种"开口"方案。看来，今后十五年至十五年仍应坚持一对夫妇只生一个孩子，适当照顾特殊情况允许生两胎，使妇女总和生育率逐步下降。如能争取在一九九〇年妇女总和生育率降为一点五〇，然后保持这个水平到二〇二一年，那么，到二〇〇〇年，我国人口可控制在十二亿左右，二〇二一年约为十三亿左右，二〇二一年以后可逐渐提高生育率，其临界值在二点一六上下，到那时人口将长期稳定在十二亿左右。根据前几年的经验，只要全党一致努力，是可以做到的。国家科委 1986 年 7 月 18 日。[①]

对这个报告中央领导做了如下两个批示：

> 请告计生委，对今年上半年人口大幅增长的情况与原因作统一分析。（八月二日）

---

① 参见（86）国科发策字 0502 号。

赞成这个报告的观点。上面"开口子",哪怕是合理的,下面就"刮风"。从现在到 20 世纪末是"控"的问题,不是"放"的问题,应坚决停止各种"开口子"的试点,坚决贯彻既定的计划生育方针。

1986 年 9 月 24 日,在全国人大教科文委办公室组织的"对我国人口大幅度增长看法和意见"的座谈会上,国家统计局人口司副司长沈益民介绍说:

> 据今年一至四月份对七个省、市的计划生育部门统计,人口出生数量比去年同期增长 18.64%,多生了十六万七千六百多人,大幅度增长的原因是:(1)进入高峰生育年龄的妇女数增加;(2)早婚、早育人数增加;(3)计划内生育和计划外生育同时增长;(4)多胎生育的比重进一步上升。中国计划生育协会副会长季宗权认为:今年人口出现较大幅度增长的原因是刮风大于开口子,开口子又大于回升。高级工程师于景元说:20 世纪 90 年代是我国人口控制的关键时期,从现在起到 20 世纪末,根本不是开口子的问题,而是堵口子的问题。①

1986 年 12 月 1 日,国务院召开全国计划生育工作会议。会议强调指出:"计划生育一定要继续抓紧,不要动摇。计划生育工作要统一认识,稳定政策。……提倡一对夫妇只生育一个孩子的政策仍是主要的,在农村也要普遍提倡。但是在农村确有实际困难,要求生第二胎的,经过审批,可以有计划地安排。完善政策的目

---

① 参见全国人大教科文委《研究与报告》1986 年第 42 期。

的是为了更好的控制人口增长。"① 这次会议进一步澄清了一些政策和工作方法，扭转了过去的一些错误做法，对人口失控有所缓解，但是人口惯性作用使高出生率又延续了两年。

1987 年 2 月 16 日，新华社消息："1986 年全国人口出生率为 20.77‰，比上年上升了 2.97‰，死亡率为 6.69‰。自然增长率从 1985 年的 11.23‰ 上升为 14.08‰。按照抽样调查数据推算，1986 年全国总人口为 10.6 亿多人，比上年净增 1400 余万人。国家统计局指出，我国人口出生率明显回升的原因是多方面的。有些地区对控制人口增长的工作有所放松，多胎生育上升，妇女结婚生育年龄有所提前，这是重要原因。"

1987 年 2 月 17—20 日，《人民日报》《中国日报》《健康报·计划生育版》相继发表同样消息："去年我国人口出生率明显回升。自然增长率 14.08‰ 高于前年，各地应重视抓好计划生育工作"。

1987 年 2 月 20 日，《人民政协报》报道三位政协委员的呼吁："控制人口增长迫在眉睫"，"不要忽紧忽松。松一下，就会有几百万，甚至几千万计划外出生，既要注意到党群关系，又不能轻易开小口子，必须开小口子时，一定要把后果估计得准确，也就是说，这一开口，我们应估计到又将超生多少万人，需要额外消耗多少物力、人力"。

1987 年 6 月 12 日，《人民日报》所刊登《我国人口进入新的生育高峰》一文指出："二是政策、工作方面的因素。如有的地区人口控制工作有所放松，结婚生育年龄提前，多胎生育增加等，这是当前人口加速增长的主观因素。"

1987 年 7 月 13 日，《瞭望》杂志报道：《一声响亮的警号：人口问题要抓紧再抓紧》，"目前来自各地的信息表明，去年我国

---

① 彭珮云：《中国计划生育全书》，中国人口出版社 1997 年版，第 475 页。

人口出生数和自然增长率出现回生趋势。专家预测，如不采取有力措施，难以实现到本世纪末人口控制在 12 亿左右的目标"。

面对人口出生率回升情况，1987 年 7 月 22 日，时任国务院总理在一份文件中批示：问题不在提十二亿左右，也不在开小口子。但目前出现的人口出生率回升要重视，按照目前的政策认真抓紧贯彻，解决多胎问题和早婚、早育问题。目前有些地方确实有放松与自流现象，应坚决纠正。1987 年 7 月 25 日，国家计生委办公厅给相关各部门及各直属单位发通知：根据领导意见，现将国务院总理七月二十二日在一份文件中的批示印发给你们，请组织干部学习。

1987 年 10 月 7 日，《人民政协报》报道部分全国政协委员座谈纪要《五十亿，对中国的震动》。编者按说："本报不久前发表了三位全国政协委员的呼吁《控制人口增长迫在眉睫》，引起了许多政协委员和有关人士的关注。世界人口五十亿，中国就占十亿多，难道我们每一位中国人就能无动于衷吗？请看他们的意见。"

1988 年年初，形势开始有了较大变化，国家计划生育委员会要求各级计划生育机构必须认真学习和贯彻党的十三大（1987 年10 月）精神，继续完成 1986 年全国计划生育工作会议制定的"七五"期间的任务，贯彻中央领导同志的一系列指示，各地应把计划生育作提高到新水平。根据国务院 1988 年的安排，确保完成当年的人口计划。

1988 年 1 月 14 日，《人民日报》发表艾笑《人口的忧虑》文章："这两年人口出生率回升的现象值得引起社会的关注。最近中央领导同志明确指出，要按照现行的计划生育政策，认真抓紧贯彻，切实解决计划外多胎生育和早婚早育问题，坚决纠正有些地方确实存在的计划生育工作放松与自流的现象。"

1988 年 3 月 10 日，《光明日报》发表《长官意志的干扰是出生率回升重要原因》文章："1985 年，这项对国计民生影响深远的政策，竟被莫名其妙地从上面开了口子，而且是在一些人口学家的反对和告诫声中开的口子，可见长官意志多么厉害。凭长官意识办事，不搞科学管理，不仅使我们丧失许多机会，也会造成工作失误。"

1989 年 1 月 24 日，《经济日报》发表《我们没有退路》文章："这是一个任何人也无法改正的错误，这是一个任何力量也无法弥补的过失，或许我们的子孙后代将背上一个更加沉重而又无法卸掉的包袱，如果我们再在人口问题的决策上稍有闪失的话……"

国外对我国的人口增长回升也做出了反应。

1987 年 2 月 18 日，法国《经济论坛》登载卡特琳·安托万题为《中国：吃饭的嘴增加了，粮食减少了》的文章："据中国官方统计局统计，去年出生率达到 20.77‰，而 1985 年为 17.8‰。按这个速度，中国人口在 2000 年达到 12 亿的这个指标是要突破的。"

1987 年 2 月 21 日，纽约《北美时报》发表题为《中国人口出生率回升》的社论："人口虽然不是中国发展的决定因素，却是一个重大限制性因素。中国人口压力已经很大，人口增长过速不是好消息，值得注意。""中国的计划生育基本上是成功的，但是还有问题。"

面对上述的社会监督舆论，时任国家计生委领导不仅不重视，反而搪塞、指责。时任国家计生委主要领导，一方面不承认人口出生率回升是主观工作指导失误；另一方面又不实事求是地讲："'六五'期间，我国五十年代第一个生育高峰的周期性影响已平稳通过，人口过快增长的势头得到控制。"① 时任国家计生委副主任说得更明确了："有人说 1987 年出生二千多万人，这

---

① 参见国家计划生育委员会《关于"六五"期间计划生育工作情况和"七五"期间工作意见的报告》，1986 年 5 月。

是唯恐天下不乱，没有很好统一思想，不能与中央保持一致。"国家计生委向中央报告当年的出生数为1600万。真实情况是1987年国家统计局公布的抽样调查数据显示当年出生2200多万。

1988年5月14日，《人民日报》刊登："我国公布去年(1987)计划生育统计数字：出生人口2258万，计划外生育比例为29%。"面对这一数字国家计生委领导人又是如何解释的呢？时任国家计生委副主任说："抽样调查的数字有它的科学性，但也不是绝对准确。我们同公安部共同商量、研究，提出一个比较切合实际的数字，就不会造成多大影响。因为这个数字公布出来以后，不仅在国内造成影响，而且在国际上也造成影响。"[①] "我们有些同志不从大局考虑，不从大局出发，顽固地表现自己的观点。……但你在公开的刊物上去发表那就有问题了，那就是跟中央的政策唱对台戏。"[②]

十年改革的方向是正确的，但不可否认也存在经济过热、通货膨胀等问题。十年计划生育的方向同样是正确的，但也不可否认这中间也出现过"冷"的问题。回顾这几年计划生育工作的实践，最大的教训就是今后必须坚决执行党的十一届三中全会以来中央制定的一系列计划生育方针、政策，必须把握住宏观控制，从人口发展目标、计划生育管理机制、各项措施保证上及早做出安排，使我国总人口在2000年不超过12亿，或少超过一些，看到控制人口发展的艰巨性和长期性，树立战略观点。我们应有这样的决心和责任感，不要让我们的下一代、再下一代人像我们这一代一样再在人口问题上做出更大的牺牲。

人口政策是个大政策，涉及家家户户的切身利益，时效性、

---

① 参见常崇宣在各省、自治区、直辖市计划生育主任（西安片）汇报会上的讲话，1987年5月22日。

② 参见常崇宣在北戴河八省计划生育主任汇报会上的讲话，1987年7月31日。

敏感性十分强烈，稍有不慎，加之主观决策不听科学呼声，就可能给工作造成重大损失。正如有中央领导同志批示的那样："赞成这个报告的观点。上面开口子，哪怕是合理的，下面就刮风。从现在起到本世纪末是'控'的问题，而不是'放'的问题，应坚决停止各种'开口子'的试点，坚决贯彻既定的计划生育方针。"1984—1987 年，正是国家计生委主要领导的指导思想处于模棱两可和相互矛盾的时期："既能完成人口计划，又能巩固党群关系、促进安定团结，促进社会主义建设，这就是我们计划生育的指导思想。"①"一折腾"的教训就在于此。

第一，不依靠科学数据指导工作。1984 年 1 月国务院发出《关于加强统计工作的决定》（国发〔1984〕7 号）：要求国务院各部委提高对统计工作的认识；加强统计工作现代化建设；建立健全集中统一的、强有力的统计系统；认真宣传和贯彻统计法。而国家计生委主要领导不依靠科学统计数据作为工作基础，撤销了人口计划统计和科研管理职能机构，对统计人员"拆庙逐神"，说这是"为了加强和适应工作的需要"。"每年发个数，叫下面照办，不是好办法。以后我们不搞年度计划，人口控制目标要有弹性。不要把统计表上那些项目做为我们考查工作的标准。"②

1986 年 7 月 30 日《人民日报》发表的《按四种方案预测人口发展趋势，我国计划生育工作丝毫不能放松》的报道，时任国家计生委副主任指责说："提供一些（人口）测算方法、建议，这完全欢迎，但登上报刊就没有多大必要。这只能起到混乱人心的作用。"③ 这一段时间计划生育形成半无计划、半无指标的状态。直至 1989 年彭珮云任国家计生委主任时，才恢复了计划统计职能机构。

---

① 参见国家计划生育委员会《计划生育工作通讯》增刊，1987 年，第 112 页。

② 参见国家计划生育委员会《计划生育工作通讯》增刊（1），1985 年 5 月。

③ 参见国家计划生育委员会《计划生育工作通讯》，1987 年，第 107 页。

1982 年下半年，国家计生委进行了一次 100 万人口（占全国总人口 1‰）的妇女生育率抽样调查，其成果受到国内广泛重视，被称为"世界人口两大奇迹之一"（另一个为中国人口普查），都认为这是"最终表现为中国开放政策的成功"，"为国际科学合作开创了先例"。"事实证明，中国的这些数据十分准切，达到了惊人的精确程度，这使我们掌握了有关中国人口的十分确切的详细情况，而这是以前任何人包括中国政府在内也无法了解的情况。"美国著名人口学家 A. 寇尔说："这个资料够我研究一辈子了。"全国人大常委会副委员长黄华在接见中国人口生育率抽样调查学术讨论会中外代表时说："这样大规模的人口生育率抽样调查在中国的历史上是第一次。中外专家的研究，不仅可以推进人口学本身的进步，也可以加强各国之间在人口学方面的了解与合作。"[1]

而时任国家计生委主任多次指责 1‰人口生育率抽样调查是"出风头"或"名不副实"，将这次调查的组织者和主要工作人员挤出计生委机关。

第二，削弱了"三为主"工作方针。"三为主"的工作方针是经过 20 年的风风雨雨，从计划生育工作的实践中总结的一个规律性经验，党中央肯定了这是我国人口发展宏观控制的有效机制。但在 1984 年后突然被一些政治口号取代了具体做法，其结果是宣传教育、避孕节育和经常性工作未能落实下来，"三为主"变成了"三走样"。

以宣传教育为主，其目的是从舆论环境、政治思想教育方面引导人们改变长期形成的旧生育观，认识计划生育的重大意义，自觉自愿实行计划生育。一些政府部门布置工作时，曾要求"像计划生育那样做好宣传工作"，可见其影响之深。然而，1985 年后国家计生委不但不从正面大造舆论，广泛宣传计划生育的意义，

---

① 参见《健康报·计划生育版》(1985 年 10 月 28 日)。

反而认为宣传是"表面文章"，要"先做好工作后宣传"。一时全国大张旗鼓的计划生育宣传偃旗息鼓，竟连"算账对比"这样重要的国情教育也不提了。致使全国报纸、电台很少有关计划生育的报道，就连《健康报》（计划生育版）发行量也由 60 多万份下降到不足 30 万份。

以避孕节育为主，是在群众自愿的基础上采取各种节育措施。但是，国家计生委主要领导对这项工作的组织和实施另有说法："计划生育要靠科学技术工作做保证，但如果仅仅报个结扎数、粘堵数等，那些数可以不看，主要看技术服务得怎么样"，同时，否定了县、乡建设计划生育技术服务站，这一决定在一定程度上影响了计划生育手术的推行。1982—1984 年每年平均做三项主要节育手术（男扎、女扎、上环）2400 万例，而到 1985—1987 年下降到年均 1550 万例，减少 35%，"技术服务"成为一句空话。

以经常性工作为主，是计划生育经常化、制度化的正常工作，是由其本身的特点所决定的。然而国家计生委主要领导重点不是放在经常工作和广大农村，而是把计划生育工作定为"由计划指导改为政策指导"，这里讲的"政策指导"，不是中央提出的"提倡一孩，控制二孩，杜绝多孩"的政策，而是单纯看开二胎口子的"社会效益"，在全国抓了 46 个试点县。必要的制度也不要了，工作缺乏具体要求，结果必然形成"中央点戏，省地看戏，县乡演戏，群众游戏"，导致计划生育放任自流。基层干部的积极性受到伤害，不抓紧不对，抓紧又怕再犯强迫命令的错误，许多干部不愿意再干这费力不讨好的工作。根据甘肃省 1987 年对 7 个县的调查，在被调查的 100 名计划生育干部中，有 77 人想调换工作。

计划生育政策一定要稳定，否则，必然造成"政策在变，群众在盼，干部观看"；"上面松，基层差，群众超生胆子大"的尴尬局面。针对 1984—1988 年计划生育模棱两可的政策，基层干部反映："共产党像太阳，照到哪里哪里亮；计划生育政策像月亮，初一十五不一样。"

　　第三，丧失执行国务院批准以人为本的"区域规划"机会。1983 年 7 月 16 日，国务院批转《国家计划生育委员会关于制定全国人口发展区域规划工作的报告的通知》（国发〔1983〕113 号）（以下简称《通知》）。《通知》指出："国务院原则同意国家计划生育委员会《关于制定全国人口发展区域规划工作的报告》，现发给你们，请研究执行。制定人口发展区域规划，对于在本世纪末把我国人口控制在十二亿以内，使人口发展同国民经济和社会发展相适应，是十分必要的。这项工作，可以先在山东、湖南省和新疆自治区试点，其他省、市、自治区可选择一二个县试点。取得经验后，再逐步扩大，全面展开。"[1] 这比联合国召开的 1993 年世界"环发大会"、1994 年世界"人发大会"、1995 年世界"社发大会"提出的以人为本、可持续发展思想早了十多年。但是，当时国家计生委的主要领导没有执行，相反却指责这个领先世界整治人口问题的前瞻性命题好举措。这不仅对我国，而且对世界"以人为本的可持续发展"理论研究与实践是重大损失。

　　令人欣慰的是，事隔 21 年后，2004 年 3 月 10 日，时任中共中央总书记、国家主席胡锦涛在中央人口资源环境工作座谈会上指出：要深刻认识科学发展观对做好人口资源环境工作有重要指导意义；按照科学发展观的要求，进一步做好人口资源环境工作；加强领导、完善机制，促进经济发展和人口资源环境协调发展。他还指示，要加强人口发展战略研究，制定人口中长期发展规划。"要在稳定低生育水平的基础上，认真研究解决人口发展的突出矛盾和问题，研究人口和经济发展、社会进步、资源利用、环境保护之间的关系，提出科学的预测和应对方案。建立适应科学发展观要求的指标体系，建立国家人口和发展综合决策支

---

　　[1]　国务院批转《国家计划生育委员会关于制定全国人口发展区域规划工作的报告的通知》，《中华人民共和国国务院公报》1983 年第 16 期。

持系统。各地区也要制定区域性人口发展规划。"① 抚今思昔，难楚潸然。

中国的事，没有共产党的领导，没有党中央和国务院的统一号令，只会天下大乱。计划生育工作的历史经验证明，没有适度的政治体制改革，没有民主法制建制，没有把决策建立在民主和科学的基础上，没有建立有效的监督机制，光唱《正气歌》是"不唱白不唱，唱了也白唱"，不一定能令某些领导头脑清醒，搞得不好还要害己。1984—1987 年人口出生高峰呼声此起彼伏，然而却是言者谆谆听者藐藐。一些人过高地估计了自己的能量，过低估计了控制人口的难度，认为喊喊口号、做些表面文章就可以制住人口，其结果是工作不深入，主观意愿代替了客观规律。②

2015 年 10 月 29 日，党的十八届五中全会决定："坚持计划生育的基本国策，完善人口发展战略，全面实施一对夫妇可生育两个孩子政策，积极开展应对人口老龄化行动。"这是继 2013 年，党的十八届三中全会决定启动实施"单独二胎"政策之后的又一次人口政策调整。

十 稳定现行政策时期
（1988—1990 年）

1987 年 10 月 25 日，中国共产党第十三次全国代表大会《沿着有中国特色的社会主义道路前进》报告指出：这里还要特别指出，人口控制、环境保护和生态平衡是关系经济和社会发展全局

---

① 参见《胡锦涛在中央人口资源环境工作座谈会上讲话》（2004 年 3 月 10 日），新浪网（http: //news. sina. com. cn/c/2005 – 03 – 13/00475343704s. shtml）。

② 马宾主编：《中国人口控制：实践与对策》，中国国际广播出版社 1990 年版，第 8—9、70—71 页。

的重要问题。我国在人口控制方面已经取得了显著成绩，广大计划生育工作者为此做出了重要贡献。但是，必须看到，我国人口基数大，现在又正值生育高峰，计划生育工作丝毫不能放松，否则势必影响既定奋斗目标的实现。必须强调优生优育，提高人口质量。同时，还要注意人口迅速老龄化的趋向，及时采取正确的对策。在推进经济建设的同时，要大力保护和合理利用各种自然资源，努力开展对环境污染的综合治理，加强生态环境的保护，把经济效益、社会效益和环境效益很好地结合起来。①

为更好地贯彻执行党的十一届三中全会以来的路线、方针、政策，真正把国民经济引上持续、稳定、协调发展的轨道，为在20 世纪末实现第二步战略目标打下良好的基础，党的十三届五中全会做出进一步治理、整顿和深化改革的决定。在大力发展农业的同时，继续认真贯彻实行计划生育和保护耕地的基本国策，坚决改变近几年来农村中放松计划生育、人口增长失控的现象。②

（一）重申计划生育基本国策，严格执行现行政策

1983 年 3 月 31 日，中共中央政治局常委会第十八次会议讨论国家计划生育委员会的汇报提纲，会议强调了几点：一是把计划生育政策建立在既坚定又可行的基础上，这是中央的决策；二是近两年人口出生率回升，不是现行政策造成的；三是必须统一思想，认真执行计划生育工作的现行政策。现行政策是：提倡晚婚晚育、少生优生，提倡一对夫妇只生育一个孩子；国家干部和职工、城镇居民除特殊情况经过批准外，一对夫妇只生育一个孩子；农村某些群众确有实际困难，包括独女户，要求生二胎的，经过批准可以间隔几年以后生育第二胎；不论哪种情况都不能生三胎；

---

① 《沿着有中国特色的社会主义道路前进》，在中国共产党第十三次全国代表大会上的报告，1987 年 10 月 25 日。

② 彭珮云主编：《中国计划生育全书》，中国人口出版社 1997 年版，第 476 页。

少数民族地区也要提倡计划生育，具体要求和做法可由有关省、自治区根据当地实际情况制定。常委会还特别强调指出："上述政策，是今后相当长的时期必须坚持贯彻执行的。要保持这个政策的稳定，以利于控制人口。"四是切实加强领导，把计划生育工作进一步抓紧；原来计划生育搞得好的地方，要再接再厉；原来工作搞得不好的地方，要尽快改变被动局面，今后认真抓紧，不允许撒手不管，放任自流。这是对 20 世纪 80 年代以来我国计划生育工作经验和教训的科学总结，是指导以后工作的准则。

1988 年 3 月 25 日，李鹏同志在第七届全国人大会议的《政府工作报告》中重申，计划生育是中国的一项基本国策，并指出："为了实现在本世纪末把我国人口控制在 12 亿左右的目标，必须严格执行现行政策，继续提倡晚婚晚育，提倡一对夫妇只生育一个孩子。即使在农村中对少数确有困难的家庭作些照顾，也必须从严掌握。"

1988 年 5 月 24 日，邓小平同志会见美国大通·曼哈顿银行国际咨询委员会代表团时说："中国是个人口众多的国家，到下个世纪中叶人口可能是十五亿左右，而且还一定要坚决贯彻控制人口增长的政策。美国有些国会议员不懂得这是中国的一个关键性问题，说什么人道不人道。什么是人道主义？如果中国到了那时还是一个贫穷的国家，还有什么人道主义可言？至少对中国人民不人道。"[1]

邓小平同志说："最近报纸报道，由于实行计划生育政策，过去十八年我国少生两亿多人口，不然现在就是十三亿人。这两亿人我们背不起，我们所取得的发展成果都会被吃掉。坚持计划生育政策我们不动摇。我们要严肃对待国际上责备我们的人。总之，我们有我们的责任，要对世界上五分之一的人负责，要发展经济，

---

① 中共中央文献研究室编：《邓小平思想年谱（1975—1997）》，中央文献出版社 1998 年版，第 403 页。

使他们生活得更好。"①

　　1989 年 2 月 23 日，中共中央政治局常委会召开第五十八次会议，讨论国家计划生育委员会的请示。会议认为，计划生育是我国的基本国策，计划生育政策必须稳定，政策的波动会引起多生、抢生，因此既不能再放宽也不宜再收紧。现在应当强调认真执行现行政策，而不是改变现行政策。各级党委和政府应该把计划生育工作列入主要议事日程，切实加强领导，一定要通过认真、扎实的工作，减少超计划生育。一个地方计划生育工作抓得好不好，应作为衡量当地党委和政府"政绩"的一条重要标准。② 会议还提出，为了使计划生育工作逐步纳入法治化轨道，应积极为制定《计划生育法》做准备。

　　1989 年 3 月 20 日，李鹏同志在第七届全国人民代表大会第二次会议上所作的政府工作报告中指出："实行计划生育，控制人口增长，提高人口素质，关系到我国四个现代化的进程，关系到中华民族的生存大计，是我国的基本国策。我国大陆总人口即将达到十一亿，目前又处在人口生育高峰，因此丝毫不能放松对人口增长的控制。各级政府必须充分认识控制人口增长的必要性和紧迫性，把控制社会总需求和控制人口增长结合起来，切实加强对计划生育工作的领导，大力支持计划生育工作者的工作。要坚定不移地、认真地、全面地贯彻执行现行的计划生育政策，提倡晚婚晚育，少生优生，坚持一对夫妇只生育一个孩子，同时采取切实可行的措施，坚决制止多胎生育和早婚早育。少数民族也要提倡计划生育，以利于经济发展和社会进步。"③

　　1989 年 4 月 8 日，新华通讯社援引邓小平同志对来华访问的

---

　　① 彭珮云主编：《中国计划生育全书》，中国人口出版社 1997 年版，第 476 页。
　　② 参见李鹏《坚决贯彻治理整顿和深化改革的方针》，在第七届全国人民代表大会第二次会议上的政府工作报告，1989 年 3 月 20 日。
　　③ 同上。

多哥总统埃亚德马的谈话，指出：中国领导集团近些年来对这个问题放松了警惕，结果造成了种种经济问题。邓小平同志承认中国未能控制人口增长，认为三四年前的国家领导人对这个问题负有责任，"如果三四年前对这种现象警觉一些，情况要比现在好得多"。①

（二）　加强计划生育宣传教育

1988年1月20日，李鹏同志在全国计划生育委员会主任会议上说："计划生育是一项群众工作，只能在宣传教育以及自觉自愿的基础上开展，而不能靠强制措施。"②

1989年4月14日，举办了"中国11亿人口日"活动，并在全国开展了宣传教育活动。《人民日报》发表了题为《遏制人口过快增长》的社论，号召全国人民动员起来，一定要把计划生育工作抓得很紧很紧，采取坚决措施制止某些失控现象，全力遏制人口过快增长。12月3日，中宣部和国家计生委联合发出通知，要求全国各地在春节期间开展一次宣传活动。

江泽民同志在国庆40周年大会上的讲话中指出："根据邓小平同志的提议，我们党制定了社会主义现代化建设大体分三步走的战略目标。第一步，实现国民生产总值比1980年翻一番。解决人民的温饱问题；第二步，实现到本世纪末国民生产总值再翻一番，人民生活达到小康水平；第三步，到下个世纪中叶，基本实现现代化，人均国民生产总值达到中等发达国家水平，人民过上比较富裕的生活。然后，在这个基础上继续前进。这个战略目标，既不是急于求成，也不是无所作为，而是符合我国实际，经过努力可以实现的。在实现这个战略目标的整个过程中，要坚持把教

①　中共中央文献研究室编：《邓小平年谱（1975—1997）》（下），中央文献出版社2004年版，第1271页。

②　路遇：《新中国人口五十年》，中国人口出版社2004年版，第1426页。

育放在优先发展的战略地位，把经济发展逐步转到依靠科技进步、不断提高劳动效率的轨道上来，严格控制人口增长，提高人口素质，合理利用资源，注意保护生态环境。这些都是至关重要的。现在，第一步已经基本实现，正在实现第二步，这是最关键的一步。……11亿人的吃饭问题，只有依靠我们自己采取正确方针，进行持久努力，不能依靠任何人代替我们解决。任何时候都不能忘记这个最基本的国情。"[1]

1990年3月3日，中央办公厅、国务院办公厅转发了中央宣传部、国家计划生育委员会《关于加强计划生育宣传教育工作的意见》的通知：（1）计划生育宣传工作要把宣传教育放在首位；（2）以农村为重点开展全民性的人口和计划生育宣传教育；（3）把搞好对干部和党员的教育作为关键一环；（4）采取切实措施使宣传教育进村入户；（5）组织、动员全社会力量做好计划生育宣传教育工作。[2] 在农村开展社会主义思想教育的过程中，"要加强计划生育教育，做好计划生育工作"[3]。

（三）将计划生育工作纳入"治理整顿和深化改革"方案

1988年1月21日，中华人民共和国主席令第64号，任命彭珮云为国家计生委主任，免去王伟的主任职务。国务院明确了国家计生委主要职责、机构设置和行政编制。国家计生委是国务院主管全国计划生育工作的职能部门。在党中央、国务院的坚强领导下，新一届国家计生委领导进行了大量调查研究，做了大量修复性工作。在原有工作的基础上，继续加强了计划生育责任制和流动人口的管理。

---

① 江泽民：《在庆祝中华人民共和国成立40周年大会上的讲话》，《人民日报》1989年9月30日。
② 彭珮云主编：《中国计划生育全书》，中国人口出版社1997年版，第31—32页。
③ 同上书，第32页。

1989 年 4 月 16 日，国家科委政策法规司、社会发展司组织有关专家提出建立四大机制：一是宏观控制机制。计划生育是一项基本国策，绝不能政出多门，更不能允许自行"开口子"。不能因领导人的改变而改变，也不能因领导人的看法和注意力的改变而改变。严格实施国家人口年度计划和五年计划，并切实落实到基层，对于突破国家计划的单位要追究领导人的责任。二是宣传教育机制。通过宣传教育，不断提高全民族的思想道德和科学文化素质，使计划生育真正成为人民群众的自觉行为。三是利益导向机制。研究制定人口税法，对计划外生育的孩子征收家长的社会抚育税，对独生子女家长免税，对超生三胎及三胎以上者课以重税，把扶贫工作与计划生育工作结合起来。四是服务保障机制。国家建立由专家组成的人口咨询委员会，定期对人口形势、政策实施和管理工作进行分析、评估，以保证人口工作决策的民主化和科学化。专家们认为，今后十年多是我国计划生育工作最困难的时期，同时也是改变我国人口困境的一次历史机遇。全党全民要严格认真、不折不扣地执行计划生育政策，力争在 2000 年把总人口控制在 12 亿左右。

1989 年 11 月 9 日，中共十三届五中全会通过的《关于进一步治理整顿和深化改革的决定》指出："在大力发展农业的同时，全国都必须继续认真贯彻实行计划生育和保护耕地的基本国策。应当采取切实有效的措施，实行指标管理，坚决改变近几年来农村中放松计划生育、人口增长失控的现象。"[1] 国务院同意关于扶贫工作与计划生育工作相结合的报告，"要把计划生育当作整个贫困地区经济开发工作的重要内容"，"贫困地区各级干部的目标管理责任制，应该包括扶贫和计划生育相结合的内容，这两项工作的指标应该一起制定、一起承包、一起检查评比"[2]。

---

[1]　彭珮云主编：《中国计划生育全书》，中国人口出版社 1997 年版，第 30 页。

[2]　同上书，第 80—81 页。

国务院总理办公会听取了彭珮云 1989 年 12 月 12 日的工作汇报,研究《关于计划生育工作中几个重大问题的请示》。会议认为,计划生育政策要稳定。计划生育要实行指标管理。计划生育指标不是指令性的,也不是指示性的,是考察各省、自治区、直辖市计划生育工作的考核性指标。①

1990 年 12 月中国共产党第十三届中央委员会第七次会议审议并通过的《中共中央关于制定国民经济和社会发展十年规划和"八五"计划的建议》中指出:"人口问题是关系经济和社会发展全局的重要问题。"把计划生育列为"改善人民生活和健全社会保障"的重要内容。并提出:"今后十年,争取年平均人口自然增长率控制在 12.5‰以内。"②

(四) 加强计划生育责任制和对流动人口的管理,尽快改变被动局面

1988 年 1 月,《中国计划生育报》刊文说:"我们工作中最急需解决的问题,是对建立和改善各种类型的责任制予以充分的重视……"③ 在江西省余江县,建立了一种"合同责任制",要求乡干部负责各村,村干部负责生产队,队干部和党员负责各家各户。④ 在云南省,"人口计划应作为一届政府的一项工作目标来加以考核"。在辽宁省,"各级负责人要加强对计划生育工作的领导,地方的工作没做好要由领导承担责任"⑤。在陕西省,"要求各级领导树立两种生产一起抓的思想,采取措施切实做好计划生育工

---

① 彭珮云主编:《中国计划生育全书》,中国人口出版社 1997 年版,第 476 页。

② 同上书,第 33 页。

③ 《以改革总揽全局　坚决完成今年工作任务》,《中国计划生育报》1988 年 1 月 29 日。

④ 《谈谈对流动人员的计生管理》,《健康报》1986 年 12 月 5 日。

⑤ 来源于辽宁省电台《副省长谈计划生育》,1987 年 3 月 5 日 (注:本书此类文献资料来源均为萧振禹收集的第一手资料,余不赘述)。

作，否则就不是称职的领导，各级对人口工作必须实行合同责任制"①。湖南省省委通过几项措施，改进计划生育工作，其中包括"三定"，即定各级党和政府的责任，定基层干部的责任和定个人计划生育措施。人口合同从最低层到最高层都签订了。全省各级党和政府负责计划生育的干部都实行了责任制。甘肃省省长说："今年，在县长任职期间，必须把计划生育列入责任制中要完成的指标之中并把这作为考核各级人民政府政绩的一项重要标准。"②福建省委书记也号召对计划生育实行责任制。山东和河南两省也都实行了干部责任制。③河南省副省长说："在每一级都实行责任制以完成指标，是从根本上改变计划生育工作被动局面的有效措施。"④四川省省长说："需要在各级建立责任制，进行严格检查，兑现奖惩。"⑤在湖南省农村，推广衡南县建立合同责任制的做法，个人要定计划生育指标。湖南省制定了十条堵大口和严格控制人口增长的规定，全面检查了全县几年来实施计划生育政策的情况并坚决收回不符合政策规定的二胎指标。通过做细致的思想工作，签订了生育合同。先后发出通知，要求严格控制生育。同时坚决实行控制生育的措施和奖惩措施。衡南县收回 1200 多个二胎指标。落实各种节育措施比上一年同时期增加 46.34%。根据具体情况，全县有 25367 名妇女收到通知单，或者准许生二胎，或者不准生二胎。够条件的一定让生二胎，不够条件的坚决禁止，⑥

①　《稳定生育政策，控制人口增长》，《陕西日报》1987 年 2 月 25 日。

②　资料来源为甘肃省电台中文广播稿《甘肃省长强调计划生育》，1988 年 3 月 4 日。

③　资料来源为济南电台广播稿《山东官员谈计划生育工作》，1988 年 3 月 14 日。

④　资料来源为河南省电台广播稿《河南召开会议强调计划生育工作》，1988 年 3 月 16 日。

⑤　资料来源为四川省电台广播稿《四川省长强调控制生育措施》，1987 年 2 月 12 日。

⑥　梁义等：《衡南县有效扭转人口失控局面》，《中国计划生育报》1987 年 1 月 27 日。

使群众更加自觉、自愿地参加计划生育的自我管理活动，这有利于推动计划生育政策的执行，把少数人对大多数人做工作的局面转变成大多数人对少数人做工作。南京市的几个市辖县试行了与县长签订责任合同制度的，转之为"六保一奖"。要求每个县完成五项经济指标和计划生育指标，这样即可得奖。通过这种制度，形成了一个工作网，主管市长管县长，县长管乡长，乡长管村长。①

作为中国经济改革的一部分，不少农村人口暂时流动到城市或其他农村地区做工。自 1979 年以来，大约有上亿的人口户口在原籍，身居异地，被称为流动人口。最初的流动人口大都是跑"单帮"，即未婚或已婚的青年男子离开家乡到外地打工。随后越来越多的妇女也到外地打工。有的夫妇双双外出做流动工人。生育计划能否落实到实处，很大程度上取决于对育龄夫妇的经常性管理。而流动人口给计划生育工作带来不少问题，因为流动人口离开本人户口所在地，本地计划生育人员鞭长莫及，又不属于流入地计划生育人员管辖范围。例如，江西省余江县有 44000 个已婚妇女，其中有 1600 个妇女随夫外出经商或做工，这些人往往成了计划生育的"死角"，对周围的人还有负面的影响。因此，做好流动人口的计划生育管理就成了当务之急。② 类似余江这样的县逐渐建立起一种制度，流动人口离家之前必须持有计划生育证明书，在城市找工作时必须作为办手续的一项内容，然后把计划生育证明书交给录用单位。山东省青岛市是这样做的。浙江省杭州市利用调查、建档，建立组织和制定条例等办法进行管理。流动人口必须填写计划生育登记卡片才能得到营业执照。③ 浙江省公布了

---

① 《南京市市长和县长签署任期目标责任制》，《中国计划生育报》1987 年 12 月 25 日。

② 《谈谈对流动人员的计生工作管理》，《健康报》1986 年 12 月 5 日。

③ 郑德方：《杭州共树区加强对个体户的计划生育管理》，《健康报》1986 年 2 月 21 日。

《出进浙江省人口计划生育管理暂行条例》，没有计划生育证明信，不准找工作。

以上四方面，标志着我国的计划生育工作步入了稳定生育政策、遏制失控的重要时期。经过三年的努力，终于稳定了现行生育政策，遏制了人口失控现象，计划生育重新踏上了有序发展的道路，为低生育水平的到来和人口再生产类型的转变做了实质性的准备。1988—1990 年，总人口由 111026 万人增加到 114333 万人，出生率由 22.37‰下降到 21.58‰。平均年增长率为 14.78‰，总和生育率由 2.50 下降到 2.45。

我国的人口与计划生育工作经过"三起两落一折腾"，积累了足够的经验和教训，这使人们变得更加聪明了，对人口问题的认识更加理性化了。

十一　稳定低生育水平时期
（1991—2000 年）

从 1991 年起，党和国家领导人在每年的全国人大、政协"两会"期间，都要召开一次中央计划生育工作座谈会。中共中央政治局、国务院、全国人大、全国政协的领导同志都要出席会议，各省、自治区、直辖市、计划单列市、人民解放军和人民武警部队及国务院各部委办的主要领导同志，要向党中央、国务院汇报人口与计划生育工作。党和国家的领导人都要做出重要指示，解决工作中的实际问题，推动工作向前发展。

（一）把人口与计划生育列为党务、国务大事，紧抓不放

从 20 世纪 90 年代起，我国改革开放和社会主义现代化建设进入了新的发展阶段，处于全面实现第二步战略目标，并向第三步战略目标迈出重大步伐的承前启后、继往开来的重要时

期。国务院批转了《中国计划生育工作纲要（1995—2000
年)》，这是一份指引中国人口与计划生育工作健康走向新世
纪的纲领性文件。

江泽民同志在关于国情教育问题上讲道："中国人口众多是一
个突出的国情。我们有的产品产量已列入世界第一位（如煤），但
用人口总数一平均，指标却非常低。中国人口形势现在已经很严
重，如再不严加控制，问题会更加严重。城市人口总体来说控制
得比较好一些，农村人口增长过快的问题大得很。要分地区分门
别类地进行指导，关键在落实。国情教育中一定要说清楚，没有
社会的安定团结，没有稳定的政治环境，经济是不可能搞上去的；
而人口如果控制不住，即使经济上去了，也会产生各种困难和问
题。"① 这是我国处于政治体制改革、经济体制转轨和控制人口增
长的关键时期党中央做出的重要决策，控制人口数量是 20 世纪最
后十年计划生育工作的一个根本性任务。

国家计生委提出了到 20 世纪末和 21 世纪中叶中国人口与计
划生育工作的奋斗目标。要毫不动摇地实行计划生育的基本国策，
控制人口的过快增长。面对人口发展的新形势、新问题，实行党
政一把手对计划生育工作亲自抓、负总责；计划生育工作的约束
机制和诱导机制不断加强和确立；落实了人口与计划生育目标管
理责任制，并从可持续发展的角度来认识人口问题。党中央、国
务院每年都要召开一次中央计划生育工作座谈会。

（二）全力稳定现行生育政策，促进低生育水平的实现

1991 年 5 月 12 日，中共中央、国务院以中发〔1991〕9 号文
件发出《关于加强计划生育工作严格控制人口增长的决定》（以
下简称《决定》），要求：（1）统一认识，切实加强对计划生育工

---

① 江泽民：《致李铁映、何东昌同志的信》，《党史纵横》1991 年第 6 期。

作的领导。各级党委和政府务必把计划生育工作摆到与经济建设同等重要的位置上来，把人口计划纳入本地区国民经济和社会发展总体规划，列入重要议事日程。党政一把手必须亲自抓，并且要负总责。（2）坚决贯彻落实现行生育政策，依法管理计划生育。强调"必须坚定不移地贯彻落实现行政策，不能摇摆，不能松动，不能改变，以保持政策的稳定性和连续性。要严格依照国家法律和有关规定，加强对人口的计划管理。基层的人口出生计划要张榜公布，接受群众监督。坚决纠正部分地区放松计划生育工作的状况；严禁乱开口子，乱批生育指标"。（3）抓住重点，扎实稳妥地做好计划生育工作。必须把着眼点放在基层，特别是广大农村，计划生育工作的重点在农村，难点也在农村。（4）齐抓共管，保证计划生育工作顺利开展。实行计划生育是一项庞大的社会工程，全社会各个方面都应重视和支持这项工作，齐抓共管，保证计划生育工作顺利开展；各级党委和政府要下决心提供必要的资金和物资保障，充实干部队伍，加快县、乡、村服务网络的建设。《决定》完整、系统地体现了党中央、国务院有关计划生育、控制人口增长的理论观点和指导思想，是马克思主义人口理论与中国国情相结合的典范之一。《决定》是在我国处于政治体制改革、经济体制转轨和人口再生产类型转变的关键时期做出的重大决策，是统一全国人民思想、调动社会各方面的积极性，在20世纪最后十年，把计划生育推向新阶段的纲领性文件，产生了重大的社会影响。①

在这十年中，党和各级政府及相关部门认真贯彻这个文件常抓不懈，使我国的人口与计划生育工作取得了突破性进展，达到了预期目标，终于迎来了低生育水平。总和生育率已下降到更替水平以下，城市降至1.2—1.3，其中许多大城市和特大城市在1.0以下；农村也降至2.0。20世纪90年代前期，进入低生育

① 彭珮云主编：《中国计划生育全书》，中国人口出版社1997年版，第33页。

水平行列；后期，人口再生产转变为现代类型。这在国际社会也是绝无仅有的历史性创举。事实雄辩地说明，我国在经济社会尚未达到足以使家庭产生自我约束婚姻生育行为能力的条件下，奇迹般地实现了人口再生产由传统类型向现代类型的历史性转变。这不仅是我国人口革命的伟大成就，而且是对世界人口控制的重大贡献。

（三）将人口问题列入经济和社会可持续发展框架

党中央、国务院坚持将人口与计划生育、保护耕地、环境保护三项基本国策作为现代化建设的要务，全面实施《中国21世纪人口、环境与发展白皮书》，依靠科学技术，控制人口增长，提高人口素质，合理开发利用资源，保护生态环境，实现经济和社会的持续、协调发展，这对提高人民生活水平和整个中华民族的素质，具有极其重要的意义。要把控制人口、节约资源、保护环境放到重要位置，使人口增长与社会生产力的发展相适应，使经济建设与资源、环境相协调，实现良性循环。

党中央、国务院是从可持续发展的理论高度，高屋建瓴地统帅人口与计划生育工作，使之不脱离正确的发展轨道。

（四）加强新型生育文化建设，进一步发挥生育文化的宣传推动作用

党的十五大以后，国家计生委及时提出建设新型文化的命题，动员专家学者开展研究，在生育文化理论研究方面取得显著成果，推动了生育文化学的学科建设。1990年3月3日，中共中央办公厅、国务院办公厅转发了中宣部和国家计生委《关于加强计划生育宣传教育工作的意见》，要求把宣传教育放在计划生育工作的首位；以农村为重点开展全民性的国情、国策、政策、法规、基础知识、爱国主义和社会主义的宣传教育；把干部和党员的教育作

为关键；宣传教育要进村入户；组织、动员全社会力量做好宣传教育工作。同时，把"要加强计划生育教育，做好计划生育工作"纳入开展社会主义思想教育范围。[①]

1999 年至今，中宣部和国家计生委在全国城乡开展了声势浩大、形式多样、内容丰富、生动活泼的"婚育新风进万家活动"，深入细致地宣传新型生育文化，引导城乡群众树立科学、文明、进步的婚育观念，取得了显著成效，有效地推动了家庭、社区的精神文明建设，为稳定低生育水平、继续降低人口出生率发挥了重要作用，得到党中央、国务院的高度重视和大力支持。

（五）将计划生育与扶贫工作结合起来，纳入国家扶贫攻坚计划

通过扶持贫困人口脱贫致富，推动计划生育工作。在国家开展的西部大开发战略中，人口与计划生育工作向西部地区倾斜，促进西部地区人口再生产类型的转变。人口问题归根结底是个文化素质、经济发展水平问题。大城市或中等城市人口增长率比农村低，而经济落后、文化不太发达的地区，人口出生率比较高。所以，计划生育工作的重点在农村。在全国开展的"三结合"（即农村计划生育工作与发展经济相结合，与帮助农民勤劳致富奔小康相结合，与建设文明幸福家庭相结合）活动中，帮助农村独生子女户、独女户和二女户实现少生快富，充分展示了计划生育利国、利民、利家的根本宗旨，体现了党和国家对计划生育家庭的关爱。各地还创造出许多新鲜经验，国家计生委分别在不同地区召开了经验推广和理论研讨会。党和国家领导人对"三结合"活动的重大意义作了充分肯定。"三结合"使一大批计划生育家庭脱贫致富，得到更多的实惠，不仅密切了党群、干群关系，而且

---

① 彭珮云主编：《中国计划生育全书》，中国人口出版社 1997 年版，第 32 页。

改变了计划生育工作的形象，计划生育干部被称为新时期"最可爱的人"。

（六）加强科学理论研究，以科学技术促进人口与计划生育工作的开展

十年间，政府加强了人口科学理论、计划生育科学技术和生命科学的研究。成功地进行了两次全国人口普查，多次进行了生育节育、老年人口、艾滋病、性病及其他专业性抽样调查，积累了丰富的数据资料，有力地推动了人口科学研究。

计划生育科学技术研究、人口与计划生育信息化管理和网络建设、生殖健康和优质服务机构设施、优生优育指导及出生缺陷监察系统、围产期服务、避孕节育知情选择等，都有了飞速的发展，计划生育系统的管理和服务能力显著增强，为计划生育方案的实施创造了物质条件。

计划生育理论和经验的研究取得很大成绩。国家计生委编著出版了《计划生育概论》《中华生育文化导论》《计划生育管理学》等一套学术和业务研究的专著，列为业内人员岗位培训的系列教材，对提高各级计划生育管理人员的理论和业务水平发挥了重要作用。

国家计生委经过调查研究，对中国走过的计划生育道路与基本经验作了科学的概括，这就是著名的"三三三二一"模式。第一个"三"是"三不变"，即党政领导亲自抓、负总责不变，计划生育政策不变，人口计划不变；第二个"三"是"三为主"，即宣传教育为主、避孕节育为主、经常性工作为主；第三个"三"是"三结合"，即农村计划生育工作与发展经济相结合、与帮助农民勤劳致富奔小康相结合、与建设文明幸福家庭相结合；"二"是指实现计划生育工作思路和工作方法的两个转变；"一"是指人口与社会经济发展的目标不变。"三三三二一"是多年来广大干部群

众在计划生育实践中的创造发明，是党的群众路线和群众首创精神的生动体现，对人口与计划生育工作的深入开展发挥了重大指导作用。

（七）加强法律法规建设，使计划生育走上依法治理的道路

在实行计划生育的初期，既无完整的政策，又无法律法规。20 世纪 70 年代末 80 年代初，各省、自治区、直辖市依据中央的生育政策，陆续制定了地方性计划生育条例，计划生育开始依据政策和地方法规推进。

从 1982 年开始，计划生育立法工作提上议事日程。《计划生育法》经过近 20 年的酝酿、讨论，前后论证了 30 余稿。1998 年经中共中央批准，列入九届人大常委立法计划。又经过三年的调查研究和反复论证，几经修改，终于在 2001 年 12 月 29 日九届人大常委会第 25 次会议上以 123 票赞同、12 票弃权、零票反对获得通过，定于 2002 年 9 月 1 日正式实施。时任国家主席江泽民当日签发了第 63 号主席令，予以公布。《中华人民共和国人口与计划生育法》的颁布实施，是我国人口与计划生育事业发展史上的一个里程碑，第一次以国家法律的形式确立了计划生育基本国策的地位，将具有中国特色的综合治理人口问题的成功经验、国家推行计划生育的方针、政策、制度、措施上升为国家的法律制度，构建了我国人口与计划生育的法制体系框架。从此结束了长期以来主要依据政策和地方法规推行计划生育工作的历史，为进一步做好计划生育工作、综合治理人口问题提供了法律依据，也标志着人口与计划生育工作走上了法治轨道。

（八）加强权力机构的建设，迎接新的历史使命

在体制改革、精简机构等过程中，党中央、国务院对国家计生委特别关注，不断加强机构建设，增强领导力量。1993 年 3 月

29 日，国家主席令第 2 号，任命彭珮云为国务委员兼国家计生委主任。1998 年 3 月 18 日，国务院任命张维庆为国家计生委主任。2003 年，全国人大批准国家计生委更名为国家人口和计划生育委员会。这一系列措施促进了国家计生委的机构建设，提升了机构的功能，对我国人口问题的治理将产生深远的影响。

以党的十一届三中全会为起点，我国计划生育工作经历了一个加速发展的飞跃时期，有过成功的喜悦，也曾走过弯路。改革的实践告诉我们，必须正确处理改革、发展、稳定的关系，要把握好改革力度、开放节奏、发展速度和社会承受能力的协调统一，才能实现稳中求进。我国连续 30 多年人口死亡率稳中有降，平均预期寿命不断延长，总和生育率有所下降，已经初步实现低生育水平，并持续保持在更替水平以下，20 世纪末已完成了传统意义上的人口转变历程。21 世纪的工作当以史为鉴，保持科学的态度以及与时俱进的精神，开拓进取，扎实工作，迎接新的历史使命。

（九）我国计划生育工作又站在一个新的起点上

2000 年 3 月 2 日，中共中央、国务院发出了非常正确、非常英明的《关于加强人口与计划生育工作稳定低生育水平的决定》（以下简称《决定》）。《决定》是在对国情科学判断的基础上，做出的战略性和现实性相统一的宏观决策，指明了新时期人口和计划生育工作的任务、目标和具体措施，是党的方针政策的有机组成部分。《决定》指出："未来几十年，在实现稳定低生育水平的前提下，我国人口将由低增长逐步过渡到零增长，人口总量达到峰值后（接近 16 亿）开始缓慢下降，人口素质不断提高，为基本实现现代化和可持续发展创造良好的人口环境。"这是《决定》对我国人口发展趋势的科学分析，是对人口发展战略的概括表述。中央选择在 21 世纪中期第一步实现人口零增长，第二步转向负增长，完全符合我国的基本国情和人口发展规律，是马克思主义人口规律的伟大实践。

21世纪前20年，是我国全面建成小康社会的关键时期，也是稳定低生育水平、为实现零增长创造条件的关键阶段。许多研究表明，我国资源环境的人口承载容量在16亿左右，这是人口客观发展的高限。人口零增长时期的出现既不是越早越好，更非越晚越好。正如《决定》指出："人口问题的本质是发展问题。"根据我国的人口年龄结构状况，今后25年是社会总抚养比最低时期，平均抚养比55%，比1982年以前低20个百分点，人口老龄化尚未达到高峰，劳动年龄人口有8亿—9亿，劳动力尚未老化，是发展经济、提高综合国力、加快实现第三步战略目标的"黄金"时期。这在我国社会发展程度不高、市场经济不成熟和社会保障不健全的情况下，是从根本上治理我国旷世难成人口之业的良机。

人口战略目标的实现必须立足现实，从现实出发，一步一步地做起。为此，《决定》特别强调："人口过多仍是我国首要的问题。未来几十年，我国人口数量还将持续增长，预计年均净增1000万人以上，人口素质不高的状况短期内难以根本改变，劳动就业压力进一步加大，人口老龄化问题更加突出，人口与经济、社会、资源、环境之间的矛盾依然尖锐"，"稳定低生育水平的工作要求更高，任务更艰巨"。换句话说，当前我国人口与计划生育的任务具有承前启后的重大作用，必须坚持综合治理的方针，继续抓紧抓好。低生育水平初现，只是走完了第一步，充其量仅仅实现了替代水平，并不意味我们已经完成了所有的人口与计划生育工作。由于人口发展惯性的制约，如果保持现在的生育水平，我国人口增长发展要到2040年才会静止下来。同时，人口数量多和素质有待提高仍是困扰社会发展的主要问题。面对独生子女、劳动人口就业、人口老龄化、人口地域分布等问题，也需未雨绸缪。

2000 年 12 月 19 日，国务院新闻办公室发表了《中国 21 世纪人口与发展》白皮书，系统地提出了解决人口与发展问题的目标与原则，详细规划了解决人口和发展问题的行动计划和保障措施。"中国政府坚信，在二十一世纪，中国的人口与发展事业必将更加辉煌，中国一定会为全人类的文明与进步作出更大的贡献！"①

胡锦涛同志指出："人口和计划生育工作要加强人口发展战略研究，制定人口中长期发展规划，创新计划生育工作的思路和机制，建立健全对农村部分计划生育家庭奖励扶助制度。"②

李鹏同志对新时期的人口与计划生育工作提出了要求："十几亿人口是我们考虑社会经济发展问题的一个基本出发点。逐步把人口自然增长率降下来，到 2000 年和 2010 年分别把人口控制在 13 亿以内或 14 亿以内，是顺利实现《建议》提出的奋斗目标的一个重要条件。尽管我们在计划生育方面取得很大成绩，但 1979 年以来的十多年间，人口年均自然增长率仍高达 14‰。人口数量多，增长快，是我国社会经济发展中的特殊困难。实现上述控制人口的目标，难度是很大的，但是必须努力做到。计划生育工作丝毫不能放松，重点是做好农村和城市流动人口的工作。要大力提高人口素质，实行优生优育，普及文化教育。人口素质提高了，也有利于人口增长的控制。要积极发展各类卫生保健事业，实现人人享有初级卫生保健。要认真贯彻《中国妇女发展纲要》，切实保护妇女、未成年人、老年人、残疾人等社会群体的合法权益。"③

1991—2000 年，我国总人口由 115823 万人增加到 126743 万

---

① 国务院新闻办公室：《中国 21 世纪人口与发展》白皮书，新华社北京 12 月 19 日电。

② 胡锦涛：《在中央人口资源环境工作座谈会上的讲话》，新华社北京 2004 年 3 月 10 日电。

③ 李鹏：《关于制定国民经济和社会发展"九五"计划和 2010 年远景目标建议的说明》，《人民日报》1995 年 9 月 25 日。

人，出生率由 19.68‰ 下降到 14.03‰，年均增长率为 10.36‰。
总和生育率由 2.01 下降到 1.60，迎来了难得的低生育率水平和人口再生产类型的转变。我国在社会经济发展水平相对较低的情况下实现人口转变，靠的是党和国家对人口计划生育工作的高度重视，坚持对广大群众进行思想教育，坚定不移地贯彻计划生育基本国策，把计划生育工作与发展经济、帮助农民勤劳致富奔小康、建立文明幸福家庭相结合。以计划生育为出发点，综合治理人口问题，达到控制人口数量、提高人口素质、改善人口结构，从而进一步促进人口与经济、社会、资源、环境的可持续发展。这是我国控制人口的开创性举措，也是以人为中心可持续发展的中国特色。

结　论

新中国成立后，人口、生育政策伴随社会经济发展和人口自身增长的现实，经历了从无政策到有政策、从不实用到不断完善的历程，计划生育工作也走过了曲折的道路，但我们终究实现了人口有计划地增长，取得了举世瞩目的成就。

回顾计划生育艰难曲折的发展历程，每次受挫失利，都是在理论上出问题，凭主观愿望行事，不能听取科学的呼声，违背人口发展的客观规律。当人口规模膨胀到与经济、社会发展产生矛盾，特别是"计划生育工作关系到国家的兴亡"时，不得不重新反思人口问题的重要性。正确的理论是科学决策的依据，是制定正确方针的向导。而错误的理论导必然产生错误的指导方针，导致实践的全局性失误，教训是极为深刻的。三次出生高峰，致使人口恶性膨胀，至今仍使人有切肤之痛。人口问题的失误是最大的、后果最难以纠正的失误。大量国内外人口科学研究表明，任何人口发展模式都是人类自我干预的结果。20 世纪 80 年代初，我国的人口学家曾告诫我们：调整一个合理的人口结构要 70—100 年。就是说，人口发展一旦形成某种模式，至少要花费三代人的代际间隔，付出某些牺牲和高昂的代价才能改变过来。庆幸的是，党中央、国务院总结了历史上的经验教训，形成了科学的符合中国国情的马克思主义人口理论体系，确立了正确的指导方针，做出了一系列科学的决策，迎来了今天的低生育水平。

回顾计划生育艰难曲折的发展过程，可以看出，正确的政策制度是实现人口控制的强有力杠杆。尽管学界有各家之见，但对中国生育率的快速下降是政策约束起了重要作用这一看法是一致的。大家期望的经济发展使生育率快速下降的条件并不具备，对此估计不足将会导致人口失控。

在人口控制取得成功之后，出现一些新问题是必然的，无须大惊小怪。冷静之后，回到中国的现实中去，在不改变未来人口目标、继续坚持现行政策的前提下，把我国人口调整到最佳状态，推动社会主义现代化建设，实现我们的最终目标，那些新出现的问题，定能迎刃而解。

列宁曾预言："在东方那些人口无比众多、社会情况无比复杂的国家里，今后的革命无疑会比俄国的革命带有更多的特殊性。"历史的发展果真如列宁所料，中国的社会主义革命和建设就"带有更多的特殊性"，以致用"中国特色"来命名。中华人民共和国成立 68 年来，党和国家领导集体为探索、开创和发展中国特色社会主义进行了不懈的努力，从理论到实践都取得了辉煌的成就，必将载入中华民族一以贯之的史册。

第 二 章

政策对人口增长影响的
专家调查分析

　　新中国在 20 世纪后半期的短短二十几年间就完成了人口转变过程，并很快进入了稳定低生育水平阶段，生育水平下降之快在人口发展史上是少见的，许多人口学家称之为"人口转变的革命"。在这一过程中，影响人口增长的因素是多元的，它包括社会发展、经济腾飞、观念更新、人口政策等。对此，人口学家、经济学家、社会学家，还有相关部门的实际工作者，都做出了卓有成效的研究和探讨。①② 到目前为止，不同学者仍有不同的看法，对影响人口增长因素的作用评价还有待于继续探讨和研究，最终取得一个共识，即客观的评价。

　　本书旨在通过对专家调查的方法，了解如何评价新中国成立以来有关时期的人口政策对人口增长的影响作用。专家们的评价是基于客观上一种认同的主观性的判断，我们把这种与人口发展过程具有较大一致性的判断，看作客观评价。

---

① 　孙沐寒：《中国计划生育史》，北方妇女儿童出版社 1990 年版。
② 　彭珮云主编：《中国计划生育全书》，中国人口出版社 1997 年版。

一　研究方法

本研究采用德尔菲法 Delphi Method（专家打分）对人口政策影响生育率的强度进行评估。调查方法是问卷式调查，共发放问卷 54 份，调查对象为对中国人口政策有一定研究或了解的人口学者或计划生育工作者。其中人口学者 45 人，计划生育工作者 9 人。由于他们的密切配合，共回收有效问卷 52 份，回收率达到 96.30%，这些被调查者在人口学界均享有较高知名度和权威性，其中中国人口学会理事 47 人，其他被调查者均是这一领域的知名专家和工作者（下文均称专家）。

本调查研究所讲的"人口政策"，泛指宏观政策，即不同时期党和国家领导人的重要讲话、政府主管部门实施的相关规定及影响人口发展的政策法规。50 年来中国人口政策并不连贯，出现过一些大的起伏，而且各个阶段的时间长短并不相同，因此将整个时期分为 11 个阶段（详见本书第一部分），基本原则是让每个阶段具有一定的同质性，以便于专家们做出判断。在此基础上，定义了人口政策对人口增长影响的强度：没有影响为"0"；对人口增长有利为正整数，从"1"开始，最高强度为"5"；对人口增长不利（即不利于控制人口增长，下同）为负整数，从"-1"开始至"-5"。这样，人口政策的作用强度和 11 个阶段就形成了一个 11×11 的矩阵（见表 2—1），专家可以在矩阵中选择不同强度对各阶段人口政策影响人口增长效果进行评价打分。

表2—1　　　　有关政策和领导人讲话对人口发展的影响调查

时期（年）	1949—1953	1954—1957	1957—1959	1959—1961	1962—1965	1966—1970	1971—1978	1979—1983	1984—1987	1988—1990	1991—2000
有利于人口增长 ←	5	5	5	5	5	5	5	5	5	5	5
	4	4	4	4	4	4	4	4	4	4	4
	3	3	3	3	3	3	3	3	3	3	3
	2	2	2	2	2	2	2	2	2	2	2
	1	1	1	1	1	1	1	1	1	1	1
无影响	0	0	0	0	0	0	0	0	0	0	0
不利于人口增长 →	−1	−1	−1	−1	−1	−1	−1	−1	−1	−1	−1
	−2	−2	−2	−2	−2	−2	−2	−2	−2	−2	−2
	−3	−3	−3	−3	−3	−3	−3	−3	−3	−3	−3
	−4	−4	−4	−4	−4	−4	−4	−4	−4	−4	−4
	−5	−5	−5	−5	−5	−5	−5	−5	−5	−5	−5

注：请在相应数字上打"√"。

二　调查结果分析

（一）汇总结果

从对各阶段政策效果的评价来看，尽管专家们存在一定的分歧，但总体上还是存在很大的共识。

第一阶段，1949—1953 年。88.5% 的专家认为有利于人口增长，过半（51.9%）选择了"5"，即最高强度。从均值来看，为3.77，反映了同样的结果。

第二阶段，1954—1957 年。专家评价认为不利于人口增长、无作用和有利于人口增长的分别为 23.1% 、13.5% 和 63.5% 。在11 个强度上，有 14 人选择了"2"，占专家总数的 26.9% ；有 8人选择了"－1"；选择"0""3""4"的各有 7 人，均值为1.29，标准差达到了 2.05。多数专家认为中央领导同志关于限制人口增长的讲话、政府有关控制人口增长的指示，并没有具体的实施意见和实施办法，对控制人口增长的影响强度是有限的，所以大多数专家认为这一时期的人口政策仍然是有利于人口增长的，但选择有利于人口增长的专家也只是选择了较弱等级（"2"）。即使选择了对人口控制有影响的专家，也只是选择了影响强度最弱等级（"－1"），中间的跨度不是很大，只是在强度上比上一阶段有所下降。

第三阶段，1957—1959 年。94.2% 的专家认为是有利于人口增长的。选择"1""2""3""4""5"的分别为 9.6% 、11.5% 、11.5% 、34.6% 、26.9% ，60% 以上的专家选择的强度达到或超过了"4"，均值为 3.31。

第四阶段，1959—1961 年。43.8% 的专家认为这一时期的人口政策对人口增长没有影响（选择了"0"）。均值为 0.13，略倾向于有利于人口增长。因此从总体上看，大多数专家认为这一时期的人口政策对人口增长没有影响或影响甚微。

第五阶段,1962—1965 年。专家们在认识上存在的分歧十分明显,均值为 0.87,标准差达到了 2.24。认为不利于人口增长的为 44.2%,而认为有利于人口增长的达到了 50%。但从众数来看,选择 "﹣1" 的专家最多,为 15 人,达到了 28.8%。因此均值和众数不只是在强度上有了差异,在方向上也产生了较大差异。

第六阶段,1966—1970 年。超过一半的专家(52.9%)认为这一时期由于政治环境的干扰,人口政策不能得到执行,有利于人口增长的均值为 1.47。但值得注意的是,从单个强度上,选择 "0" 即 "没影响" 的专家却是最多,为 18 人,达到了 35.3%。标准差为 2.04,反映出专家们有一定的分歧。这种分歧的主要原因是专家们注意到了决策层在控制人口的认识上不一致,总体评价是有利于人口增长的。

第七阶段,1971—1978 年。90.4% 的专家认为人口政策有利于控制人口增长。其中选择 "﹣3" 的达到了 51.9%。均值为﹣2.21,标准差为 1.45。

第八阶段,1979—1983 年。92.3% 的专家认为有利于控制人口增长。其中 42.3% 的专家选择了 "﹣4"。均值为﹣3.38,标准差为 2.03。

第九阶段,1984—1987 年。专家评价分歧严重,出现了位居各个阶段之首的标准差 2.65。在 11 个强度中,只有 "5" 没有专家选择,选择 "﹣3" 的有 10 人,占全体专家的 19.2%。选择 "﹣4" 和 "﹣2" 的接近 10%。各有 10%—20% 的专家选择了有 "﹣3" "﹣1" "1" "2" "3"。0.69 的均值以及 55.8% 的专家选择负值表明认为不利于人口增长的观点略占上风。需要说明的是,"0" 值两边相对均匀的分布使得均值接近 0。

第十阶段,1988—1990 年。96.2% 的专家认为有利于控制人口增长。50% 以上的专家选择的强度为 "﹣4" 和 "﹣5"。

-3.26的均值和1.56的标准差反映了专家们在这个问题上相对一致的意见。

第十一阶段，1991—2000年。96.2%的专家认为1991年以后的人口政策明显有利于控制人口增长。选择"-4"或"-5"的专家高达80%。均值为-3.99，标准差为1.70。

(二) 调查总体评价

综合专家们对11个阶段人口政策效果的评价，我们可以利用均值和众数分别得到一条专家评价曲线（见图2—1）。比较两条曲线，基本趋势类似，即人口政策逐步从有利于人口增长向不利于人口增长过渡，只是在1962—1965年这一时期二者出现了较大差异，但并没有改变曲线的总体趋势。对于这期间出现的差异，正如我们在前文所指出的，这是由于专家在评价这一时期的人口政策时，出现了严重的分歧，均值和众数不仅在强度上有一定的区别，在方向上也截然相反。考虑到在评价这一时期的人口政策时专家认为有利于人口增长的略多于认为不利于人口增长的，似乎均值更为合理。但在分歧较大时，均值同样无法很好地反映实际情况，所以在后文，我们将同时

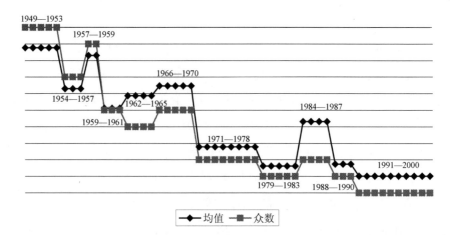

图2—1　专家评估曲线（均值、众数）

使用两条曲线来进行分析。

（三）人口政策强度的变化

从专家对各个阶段中国人口政策的评价曲线，我们可以看出人口政策强度的变化。表2—2给出了两个相邻阶段专家评价值的均值和众数的变化。

表2—2　　　　　两个相邻阶段专家评价值的均值和众数的变化

年份	1949— 1953	1954— 1957	1957— 1959	1959— 1961	1962— 1965	1966— 1970	1971— 1978	1979— 1983	1984— 1987	1988— 1990	1991— 2000
众数	5	2	4	0	-1	0	-3	-4	-3	-4	-5
变化	—	-3	2	-4	-1	1	-3	-1	1	-1	-1
均值	3.77	1.29	3.31	0.13	0.87	1.47	-2.21	-3.38	-0.69	-3.26	-3.99
变化	—	-2.48	2.02	-3.18	0.74	0.6	-3.68	-1.17	2.69	-2.57	-0.73

注："变化"一栏的数值是由后一阶段的值减去前一阶段的值得到。如1954—1957年对应的众数变化"-3"是用1954—1957年的众数"2"减去1949—1953年的众数"5"得到的。

无论是从众数还是从均值的角度来分析，专家们对中国人口政策效果的评价，尽管总体上是从有利于人口增长向不利于人口增长（即有利于人口控制）的方向发展，但在此过程中，政策的连续性并不是很强，存在着很大的波动。强度变化中正负符号的频繁变化就说明了这一点。在专家们的眼中，中国人口政策呈现波浪式前进的特点，现行生育政策的曲折历程被专家们清晰地描绘了出来。

1949—1953年，人口政策对人口增长的促进作用达到了整个考察期的顶点（众数为"5"，均值为3.77，均为最高）；此后的1954—1957年，人口政策相对向控制人口方向迈出了一步（强度

变化均为负值：众数为"﹣3"，均值为"﹣2.48"）。1957—1959
年，"人手论"暂时强于"人口论"，政策的波动在所难免（强度
变化：众数为"2"，均值为"2.02"）。"三年自然灾害"时期
（1959—1961 年），全国人民都填不饱肚子的严酷现实让"人手
论"者也不得不偃旗息鼓，直面人口中的"口"（强度变化：众
数"﹣4"，均值"﹣3.18"）。"三年自然灾害"时期的惨痛记忆
和此后补偿性生育所带来的出生高峰，终于使人们认识到在中国
控制人口增长的重要性，即便后来出现了"文化大革命"那样特
殊的社会阶段，人口政策再也没有出现大幅度的反弹。1971 年以
后，控制人口增长的政策就在中国找到了自己的位置，并坚持至
今。尽管在 1984—1987 年由于"开口子"导致了一些波折，但以
控制人口增长为主要内容的计划生育政策已经成为中国的一项基
本国策。

（四）专家评价曲线与总和生育率的关系

将专家评价曲线从有利于人口增长向不利于人口增长方向的
走势，与中国人口总和生育率曲线从高到低的基本趋势两条曲线
进行比较发现，两条曲线在形式上有很大的相似性，不但走势基
本相同，而且连一些波动也极其类似（见图 2—2）。从简单相关
系数来看，1950—1999 年的总和生育率与专家评价值众数的相关
系数达到了 0.811，与均值的相关系数达到了 0.854，均为显著相
关。由此可见，在绝大多数专家看来，总和生育率的下降与人口
政策的影响是密切相关的。对于人口政策在总和生育率的下降过
程中到底起到了何种作用，在本次调查中我们无法做出更深层次
的探讨。结合社会、经济等因素的数量分析是本书的另一个重要
内容。

图2—2　中国人口总和生育率（TFR）曲线（1950—1999年）①

结　论

长期以来，对于中国有关人口政策对人口增长的影响效果的评价一直是众说纷纭，在本次调查中专家们的分歧依然存在，但是透过专家们的视角，我们还是可以发现：

（1）人口政策在不断探索和调整中曲折前进，其总体趋势是从有利于人口增长（自然增长）向不利于人口增长（有计划地控制人口增长）的方向发展。中国现行生育政策是人口发展的必然选择。

（2）人口政策的发展与总和生育率的下降密切相关。但是，人口政策和总和生育率的具体关系还有待进一步的研究和探讨。

---

① 注：1990年以前数据，取自姚新武《中国生育数据集》，中国人口出版社1995年版。1990年及以后数据取自《国家计划生育统计公报》2001年第1号。

第 三 章

中国生育率下降的
影响因素

　　我国是目前世界第一人口大国。中华人民共和国成立之初的
1950 年，总人口为 5.52 亿，占当年世界总人口的 21.9%，2000
年人口增长至 12.67 亿，占比却降至世界的 20.9%。50 年来，
年平均增长速度低于世界 0.1 个百分点。从我国占世界人口比重
最大的 20 世纪 70 年代中期计算，则我国年平均增长速度约低于
世界 0.36 个百分点。我国人口增长速度的减缓，不仅为国民经
济和社会发展提供了更好的发展空间，也为世界人口控制做出了
积极贡献。这一举世瞩目的成就，引起了众多学者的关注。关于
中国生育率下降的影响因素的探讨也成为人口学界的热门话题之
一。图 3—1 给出了我国人口占世界人口比重的变化轨迹，从中
我们可以清楚地看到我国自 20 世纪 70 年代起在控制世界人口过
快增长中所发挥的作用。

　　50 年来，尽管我国人口总量除 20 世纪 60 年代初受三年自
然灾害的影响而略有下降外，始终呈现高速增长的态势，但生
育率在经历了五六十年代的高水平后却呈现持续下降的态势，
总和生育率已从新中国成立初期的 5 左右下降至更替水平以
下。生育率的快速下降，无疑是我国人口增长速度减缓的根本
原因。

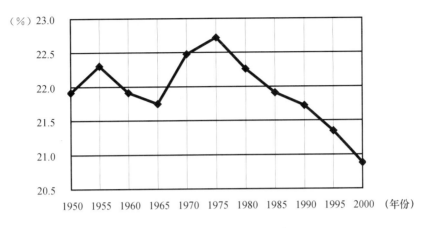

图3—1　中国在世界总人口中所占比重

资料来源：联合国网上数据库、《新中国五十年统计资料汇编》、《中国统计年鉴2003》。

我国自20世纪70年代初期开始，在全国广泛推行计划生育工作。尽管在三年自然灾害过后经过短暂的补偿性生育，生育率已开始下降，但在开始全面推行计划生育工作之前，生育率仅回落至50年代的水平，而在此之后生育率则持续下降并在90年代稳定至低生育水平。众多学者据此得出一致的看法，即推行计划生育是生育率大幅度下降的一个重要影响因素。然而从另一方面来看，党的十一届三中全会之后，伴随着改革开放的步伐，我国国民经济进入了快速发展的轨道，人均收入持续增长的势头也与生育率的持续下降形成强烈对比（见图3—2），也有学者指出经济发展水平也是决定我国生育水平的重要因素。①②

---

① 梁中堂、谭克俭、景世民：《20世纪最后20年中国妇女生育水平变动研究》，《中国人口科学》2000年第1期。

② 陆杰华：《改革开放以来中国人口与经济关系问题研究的回顾与展望》，《人口与经济》1999年第6期。

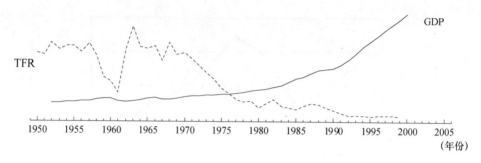

图3—2　我国总和生育率与人均 GDP 的变化趋势

事实上，导致我国生育水平下降的影响因素还有很多。要想较为准确地讨论各种影响因素的重要性和重要程度，必须在定性分析的基础上，正确运用恰当的统计分析手段，才能得出定量化的结论。在本项研究中，我们首先根据过去的研究对影响生育率的各种因素进行了讨论。其次对这些研究中所采用的统计分析方法的不足之处进行了分析。再次对基于动态建模技术的误差修正模型进行了简要介绍，在对数据采集方式及来源做出说明后，给出了采用动态建模技术建立的分析模型。最后利用该模型对20世纪70年代以来我国因实行计划生育而减少的出生人口进行了估算。分析表明，本研究所给出的分析模型基本描述了过去我国生育率的演变规律，有助于正确区分各种影响因素在生育率下降中所产生的作用。

一　生育率的影响因素分析

生育行为从本质上看是一种个体行为。由于人类的繁育是两性繁育，因而在排除婚外生育的前提下，家庭是人类繁育的最小生产单位。家庭生育孩子的数量取决于生育条件、生育能力和生育意愿。生育条件系指客观上是否存在受孕的可能。在我国，生育条件可受晚婚政策、法定婚龄、婚内持续时间，以及风俗习惯等的影响。在自然生育能力的基础上，使用避孕药具（由于我国免费发放避孕药具，所以计划生育工作的力度影响到避孕药具的可获得性）和实施节育手术（在自愿选择的情况下取决于医疗技术的发展水平，在强制选择的情况下取决于计划生育工作的力度）可在很大程度上改变个体的生育能力。生育意愿则取决于多种因素：第一，在中国，多子多福、传宗接代的文化背景（生育观念）是个体生育意愿的影响因素；第二，对生活质量（或生活水平）的追求也会影响到个体的生育意愿；第三，受教育水平（即文化程度）也会影响到个体的生育意愿；第四，婴儿死亡率的高低（或婴儿存活至成年的概率）影响到个体的生育意愿；第五，地域差别（如城乡差别、沿海内陆差别等）影响到个体的生育意愿，等等。

　　与上述分析相吻合，已有的研究表明，生育率受生物因素、文化因素、经济因素、地理因素、政治因素、社会因素的影响。[①] 但正如 John Bongaarts 早在 1980 年就已指出的那样，这些因素只是通过中间变量来间接地影响生育率。所谓中间变量系指：（1）已婚妇女所占比例；（2）妇女中采用避孕措施者所占比例；（3）不能生育者所占比例；（4）流产的水平。[②]

　　有关单一因素对生育率影响的研究证实：妇女受教育程度是导致生育率下降的重要因素；[③] 婴儿死亡率的下降导致了生育率的下降。[④] 但值得注意的是，有些因素对生育率的影响并非线性

　　①　Gelbard，A.，Haub，C. and Kent，M. M.，"World Population Beyond Six Billion"，*Population Bulletin*，Vol. 54，No. 1，March 1999.

　　②　Ibid. .

　　③　Dreze，J. and Murthi，M.，"Fertility，Education，and Development：Evidence FromIndia"，Population Council，Inc. 2001. From *Gale Database*.

　　④　Sanderson，S. K.，"An Evolutionary Interpretation of Fertility Decline：New Evidence"，*Population and Environment*，Vol. 22，No. 6，July 2001.

不相关的变量出现高度相关。[①]

　　稳定时间序列过程的均值和方差不受所观测区间的影响，均为固定值。相比之下，单位根过程的均值和方差均与所观测的区间密切相关，随观测区间的变动而变动。因而对于属于非稳定过程的单位根过程而言，传统的中心极限定理已不再适用，而需采用泛函中心极限定理。[②]

　　20 世纪 80 年代，有关单位根过程的研究取得了突破性的进展。在此基础上，有关协整（cointegration）理论的研究也已逐步完善。有关单位根过程与协整理论研究上的进展，已从根本上改变了时间序列分析方法。[③]

　　当拥有单位根特征的一时间序列需经过 d 次差分才可成为稳定的时间序列时，该时间序列被称作 d 阶单整序列，记作 I（d）。尽管 I（1）变量本身属于非平稳时间序列，但由于数个 I（1）变量的某种非零线性组合却有可能形成一个 I（0）序列（平稳序列），即这些时间序列间可能存在一种协整关系。[④] "协整" 的概念最初由 2003 年诺贝尔经济学奖获得者之一的 Granger[⑤] 引入，后经 Phillips[⑥] 从理论上加以证明，现已发展成为协整理论。由 Sargan 首先引入，后经 Davidson 等人提倡而在经济计量学中广为使用的误差修正模型（ECM），在协整理论的支持下已成为当今时间序

---

　　① 韩德瑞指出，当对两个并不存在因果关系的非平稳时间序列，如 I（1）类序列，进行回归时，推翻两者不相关的零假设的概率为 60%—80%，远非通常所认为的 5%。但当对平稳时间序列进行回归时却不存在此类情况。见 ［英］D. F. 韩德瑞、秦朵《动态经济计量学》，上海人民出版社 1998 年版。

　　② 陆懋祖：《高等时间序列经济计量学》，上海人民出版社 1999 年版。

　　③ Maddala, G. S. and Kim, In-Moo, *Unit Roots, Cointegration, and Structure Change*, Cambridge University Press, 1998.

　　④ Ibid. .

　　⑤ Granger, C. W. J, "Some Properties of Time Series Data and Their Use in Econometric Model Specification", *Journal of Econometrics*, Vol. 16, 1981, pp. 121 – 130.

　　⑥ Phillips, P. C. B., "Understanding Spurious Regressions in Econometrics", *Journal of Econometrics*, Vol. 33, 1986, pp. 311 – 340.

列经济计量学领域内的主流分析方法之一。[1]

人口学理论产生于对人口发展规律的长期观察。采用 ECM 模型，变量间的协整关系可正确刻画由人口学理论所描述的被解释变量与解释变量间存在的长期均衡关系，其 ECM 项的系数则表明当系统处于非均衡状态时，系统将以何种速度恢复至长期均衡；而在 ECM 模型中的动态项则表明了系统的短期运行规律，从而描述了系统的动态调整过程。

Darrat and Al-Yousif[2] 曾采用协整分析技术对 20 个发展中国家人口与经济间的相互作用进行了研究，取得了较好的效果。结果表明，在半数以上的国家中存在从人口到经济的 Granger 因果关系；有部分国家中存在从经济到人口的 Granger 因果关系；同时有部分国家中存在人口与经济间的双向 Granger 因果关系。Darrat 和 Al-Yousif 同时指出：结果似乎表明，在经济发展的早期，人口的增长因经济增长所致，而非人口的增长导致了贫困。但当一国经济发展到一定程度之后，其人口将成为经济增长的一个外生变量。

在本书中我们尝试采用以协整理论为基础的 ECM 模型方法，对我国生育率的影响因素进行定量分析。

三　数据及质量评价

根据数据的可得性，结合上述分析，我们选择了人口政策、人均 GDP、受教育程度、期望寿命及城镇化水平等作为解释变量，对总和生育率的变动进行了分析。

---

[1]　Maddala, G. S. and Kim, In-Moo, *Unit Roots, Cointegration, and Structure Change*, Cambridge University Press, 1998.

[2]　Darrat, A. F. and Al-Yousif, Y. K., "On the Long-run Relationship and Economic Growth: Some Time Series Evidence for Developing Countries", *Easter Economic Journal*, Vol. 25, No. 3, Summer 1999, pp. 301 – 313.

反映生育水平的指标有出生人口总数、粗出生率、年龄别生育率及总和生育率。在我国，出生人口总数受育龄妇女年龄构成和已婚妇女所占比例的影响。在其他条件不变的情况下，处于生育旺盛年龄段的妇女所占比重越大，出生人口将越多；同样，已婚妇女在育龄妇女中所占比重越大，出生人口也越多。按定义，粗出生率等于出生人口除以期平均人口数，因而除影响出生人口的因素外，粗出生率还受总人口数的影响。在出生人口相同的情况下，当非生育行为导致总人口数出现变动时，粗出生率将随之变化。年龄别生育率因与所观测的年龄组密切相关，作为时间序列难以得到足够长的时序数据，同时与该时序相关的其他变量几乎无法获取。总和生育率虽为一时期指标，与终身生育率有较大的差距，但与其他几项指标相比却是反映一定时间内生育水平的最佳指标。鉴此，我们选取了总和生育率作为生育水平的代理变量。[①]

人均 GDP 是反映经济发展水平的综合性指标。经济发展水平通过中间变量作用于生育水平（见图 3—3）。

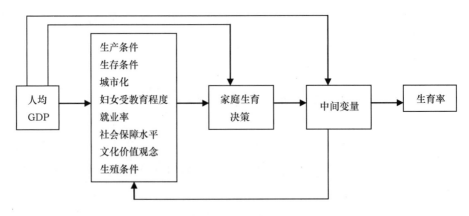

图 3—3　经济发展水平对生育水平的影响

资料来源：根据赵峰（1999）一文整理。

---

① 1990 年以前的数据取自姚新武编《中国生育数据集》，中国人口出版社 1995 年版；1990 年及以后的数据取自《国家计划生育统计公报》2001 年第 1 号。

经济发展水平的高低将引致生产条件、生存条件的变化。同时经济发展水平通过对城市化、妇女受教育程度、社会保障水平、就业率等产生影响，进而改变人们的文化价值观念，改善生殖条件。在此基础上，促使家庭生育决策发生改变，并进而通过对中间变量（即已婚妇女所占比例、妇女中采用避孕措施者所占比例、不能生育者所占比例、流产水平）的影响作用于生育率。当然经济发展水平也可直接作用于家庭生育决策和中间变量，同时中间变量也会反作用于妇女文化水平、就业等。①

虽然部分抽样调查中涉及妇女受教育程度这一指标，但在我国现行统计数据中，无法找到该指标的时序数据。因而我们以《新中国五十年统计资料汇编》第100页中的历年初中毕业生人数和第1页中的历年总人口数为基础，首先求出新增初中毕业生人数占总人口的比例，然后将其推后五年（初中毕业一般为15岁左右，推后五年为20岁左右）作为成人受教育程度提高的替代变量。

衡量死亡水平的指标有死亡人口数、粗死亡率、期望寿命和婴儿死亡率。死亡人口数受人口年龄结构的影响较大；粗死亡率在受人口年龄结构影响的同时，还受总人口数的影响；期望寿命为一时期指标，能很好地描述人口的总死亡水平；已往的研究表明，婴儿死亡率是研究生育水平影响因素的重要指标。由于缺乏婴儿死亡率的历史数据，我们选择了期望寿命作为衡量死亡水平的代理变量。数据取自联合国网上数据库。②

在计划生育政策下，我国对农业和非农业人口有不同的要求。

---

① 我们选取了人均GDP作为经济发展水平的代理变量，1998年以前的数据取自《新中国五十年统计资料汇编》第4页，1999年及以后数据根据2002年《中国统计年鉴》整理。

② 参见网址 http://esa.un.org/unpp/index.asp? panel=2。

因而非农业人口所占比例的消长应是影响生育水平的因素之一。非农业人口占总人口的比例利用《新中国五十年统计资料汇编》第 1 页中的数据整理而得。

由于所有数据均取自公开出版的资料，因此数据质量是可靠的。

限于很难将人口政策对生育水平的影响与其他因素分离开来进行研究，所以在以往研究中所得出的结论往往引起争议。然而，尽管学界对人口政策对我国生育水平的影响程度持不同看法，但对人口政策是我国生育水平的影响因素之一并无任何异议。问题的难点在于如何对人口政策对我国生育水平的影响进行量化分析。在本书中，我们尝试采用专家打分法对新中国成立以来的人口政策强度进行量化，以在此基础上量化分析人口政策对我国生育水平的影响。现将具体做法简介如下。

根据新中国成立以来人口政策的变化情况，经课题组全体成员认真研究，大致将过去 50 年分为以下 11 个阶段：（1）1949—1953 年；（2）1954—1957 年；（3）1957—1959 年；（4）1959—1961 年；（5）1962—1965 年；（6）1966—1970 年；（7）1971—1978 年；（8）1979—1983 年；（9）1984—1987 年；（10）1988—1990 年；（11）1991—2000 年。并在每个阶段列出了对人口发展产生过重要影响的人口发展政策及国家领导人发表的讲话。在此基础上，我们本着客观求实的精神，随机抽取了 54 位我国人口学界的知名学者及熟悉我国计划生育工作发展过程的实际工作者，向其发放了调查表，要求其按照 11 个等级（即 -5，-4，-3，-2，-1，0，1，2，3，4，5）对各阶段的政策强度给予相应的分值，即鼓励生育给予正值，限制生育给予负值，既不鼓励也不限制给予 0。问卷采用信函方式通过邮局发出，不要求被访问者在问卷上署名，问卷完成后直接通过邮局寄回。在发出的 54 张问卷中，共收回有效问卷 52 张。在以下分析中我们采用了该汇总结果中的均值。

四　分析方法

为了尽量避免主观因素对建模的影响，我们采纳了韩德瑞[1]所倡导的动态建模方法，即以探寻被解释变量的数据生成过程为出发点，从其最广泛的影响因素入手，遵循"检验、检验、再检验"的原则序贯约化，以保证最终所得到的模型既符合理论分析又与数据所反映的信息相吻合，且简洁、包容原始模型。具体做法如下。

第一，根据以上分析选取了影响生育水平的主要因素：非农业人口占总人口的比重人均 GDP、每万人中新增初中毕业生人数计划生育工作力度、期望寿命。

第二，我们对所有变量应用扩展的 DF 检验，检验其单整阶数，结果表明所有变量均为一阶单整，即只需进行一阶差分即可全部变为平稳时间序列。鉴于变量的单整阶数不大于 2，同时所用数据为年度数据，遵循 Akaike 信息准则，以最大滞后阶数为 5 组成自回归分布滞后模型。

样本期为 1954—1998 年

非农业人口占总人口的比重 c：ADF tests（$T = 45$，Constant；$5\% = -2.93$　$1\% = -3.58$）

D-lag	t-adf	beta Y_ 1	sigma	t-DY_ lag	t-prob	AIC	F-prob
1	−0.7912	0.97188	0.6219	3.817	0.0004	−0.8855	
0	0.2951	1.0115	0.7134			−0.6321	0.0004

---

① ［英］D. F. 韩德瑞、秦朵：《动态经济计量学》，上海人民出版社 1998 年版。

人均 GDP y：ADF tests（T =45，Constant；5% = −2.93　1% = −3.58）

D-lag	t-adf	beta Y_1	sigma	t-DY_lag	t-prob	AIC	F-prob
1	2.946	1.0490	16.86	2.998	0.0046	5.715	
0	10.62	1.0927	18.36			5.864	0.0046

每万人中新增初中毕业生人数 s：ADF tests（T =45，Constant；5% = −2.93　1% = −3.58）

D-lag	t-adf	beta Y_1	sigma	t-DY_lag	t-prob	AIC	F-prob
1	−1.418	0.92518	16.46	−0.02826	0.9776	5.666	
0	−1.448	0.92500	16.26			5.621	0.9776

总和生育率 f：ADF tests（T =45，Constant；5% = −2.93　1% = −3.58）

D-lag	t-adf	beta Y_1	sigma	t-DY_lag	t-prob	AIC	F-prob
1	−1.245	0.92868	0.6679	0.07675	0.9392	−0.7429	
0	−1.265	0.92944	0.6601			−0.7872	0.9392

计划生育工作力度 p：ADF tests（T =45，Constant；5% = −2.93　1% = −3.58）

D-lag	t-adf	beta Y_1	sigma	t-DY_lag	t-prob	AIC	F-prob
1	−2.053	0.86209	1.023	0.1460	0.8846	0.1107	
0	−2.080	0.86367	1.012			0.06681	0.8846

期望寿命 e：ADF tests（T =45，Constant；5% = −2.93　1% = −3.58）

D-lag	t-adf	beta Y_1	sigma	t-DY_lag	t-prob	AIC	F-prob
1	−1.907	0.94682	1.766	−0.9832	0.3312	1.201	
0	−1.854	0.94841	1.765			1.180	0.331

第三，对上述模型进行序贯约化，去除统计上不显著的部分。最后结果以 ECM 的形式给出。

$$\underset{(SE)}{\Delta f_t} = \underset{(0.64)}{8.62} + \underset{(0.0569)}{0.1933^*\Delta f_{t-3}} - \underset{(0.0346)}{0.1736^*\Delta p_{t-1}} - \underset{(0.0194)}{0.07197^*\Delta e_t} +$$

$$\underset{(0.0172)}{0.1029^*\Delta e_{t-2}} + \underset{(0.0671)}{0.5711^*\Delta c_{t-3}} - \underset{(0.192)}{3.354^*D5961} + \underset{(0.00186)}{0.004508^*\Delta s_{t-3}} -$$

$$\underset{(0.00125)}{0.002754^*\Delta y_{t-3}} - \underset{(0.0368)}{0.4993^*}(f_{t-1} - 0.25^*p_{t-1} + 0.2^*e_{t-1} + 0.01^*s_{t-1})$$

式中：f 表示总和生育率；p 表示计划生育工作力度；c 表示非农业人口占总人口的比重（%）；s 表示每万人中新增初中毕业生人数（人）；y 表示人均 GDP（元，1952 年不变价）；e 表示期望寿命。D5961（"三年自然灾害"）为虚拟变量，即 1959—1961年为 1，其余时间点均为 0。式中相关估计参数下括号中的数据为其所对应的标准差。方程拟合情况见图 3—4。

样本期：1959—1998 年

拟合方程标准差：　　0.193796

拟合优度：　　　　　0.938804

无自相关：　　　　　F（2，28）＝0.0043439［0.9957］

无条件异方差：　　　F（1，28）＝0.95525［0.3368］

正态分布：　　　　　Chi^2（2）＝0.35485［0.8374］

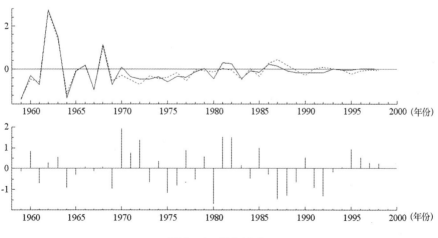

图 3—4　拟合示意

第四，对所得模型进行时不变性检验，以确保模型所给出的参数稳定可靠（见图 3—5）。

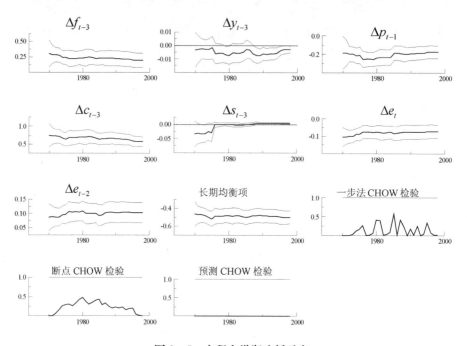

图 3—5 方程之递归分析示意

上述方程表明：计划生育政策的推行对我国生育率的快速下降起到了重要作用。从长期看，计划生育工作力度每加强一个等级，总和生育率将下降 0.25；期望寿命每增加一岁，总和生育率将下降 0.2；每万人中新增初中毕业生人数每增加万分之一，总和生育率将下降 0.01。从短期看，总和生育率的变化有一定的惯性（Δf_{t-3} 的系数为 0.1933），这与我国间隔式生育政策以及自然生育规律相吻合；在计划生育工作力度有所加强时，总和生育率会有所上升（Δp_{t-1} 的系数为 -0.1736），一方面表明生育政策不宜变动，另一方面也表明由于生育政策与人们生育意愿间的矛盾，当生育政策趋紧时，一部分人往往会违背现行生育政策，但当政策实施一段时间后，人们将认同现行政策；期望寿命的提高，总的来看，短期将使生育率有些许上升（Δe_t 的系数为 -0.07197，Δe_{t-2} 的系数为 0.1029）；非农业人口的快速增长会对生育率有一定的正向刺激作用（Δc_{t-3} 的系数为 0.5711）；与其长期作用相反，受教育程度的提高在短期将使总和生育率有所上升（Δs_{t-3} 的系数为 0.004508）；值得注意的是，人均收入的上升仅在短期对生育率有微弱的抑制作用（Δy_{t-3} 的系数为 -0.002754），而在长期无统计意义上的显著作用。长期均衡项的调节系数为 -0.4993，表明系统对长期均衡的偏离将在两年左右的时间内（$1/0.4993 \approx 2$）得到完全调整。因此，可以说该方程基本反映出了我国的实际情况。

五　模型的应用

由于节育技术的普及，世界上许多国家虽然未采取类似我国的强制性计划生育政策，其生育率也已有了较大幅度的下降。以 1971 年前后与我国生育水平相近的国家（如斯里兰卡、斐济、韩国、哥斯达黎加、阿尔巴尼亚、巴西、圭亚那、巴拿马、委内瑞拉、泰国、牙买加、土耳其、马来西亚、印度尼西亚、印度、南非、巴拉圭、埃及、尼泊尔等）为例（见表 3—1 及图 3—6），尽管各国收入水平存在较大差异，不少国家的总和生育率都较 20 世纪 70 年代初期的水平有了较大幅度的下降（下降幅度自 1 到 3.06 不等）。但除人均收入远远高于我国的韩国外，至 2000 年年底，我国是这些国家中生育水平最低的国家，也是生育水平下降幅度最大的国家。因此可以明显地看到中国计划生育政策所产生的作用。

表 3—1　　　　　　　　部分国家 1950—2000 年的总和生育率及
2002 年的人均 GDP

年份 国家	1950—1955年总和生育率	1960—1965年总和生育率	1970—1975年总和生育率	1980—1985年总和生育率	1990—1995年总和生育率	1995—2000年总和生育率	2002年人均GDP（美元）
斯里兰卡	5.94	5.5	4.08	3.4	2.4	2.1	863
斐济	6.63	5.95	4.2	3.8	3.35	3.2	2280
韩国	5.4	5.63	4.28	2.23	1.7	1.51	10006
哥斯达黎加	6.72	7.22	4.35	3.53	2.95	2.58	4284
阿尔巴尼亚	5.6	5.76	4.66	3.4	2.89	2.43	1469
巴西	6.15	6.15	4.72	3.74	2.58	2.34	2592
中国	6.22	5.72	4.86	2.55	1.92	1.8	965
圭亚那	6.68	6.15	4.9	3.26	2.55	2.45	919
巴拿马	5.68	5.92	4.94	3.52	2.87	2.79	4181
委内瑞拉	6.46	6.66	4.94	3.96	3.3	2.98	3759
泰国	6.4	6.4	4.97	3.05	2.1	1.95	2051
牙买加	4.22	5.64	5	3.55	2.76	2.5	3061
土耳其	6.9	6.19	5.15	4.15	3.1	2.7	2626
马来西亚	6.83	6.72	5.15	4.24	3.62	3.26	3915
印度尼西亚	5.49	5.42	5.2	4.11	3	2.6	816
印度	5.97	5.81	5.43	4.48	3.8	3.45	491
南非	6.5	6.5	5.44	4.56	3.4	2.9	2391
巴拉圭	6.5	6.55	5.65	5.25	4.55	4.17	978
埃及	6.56	7.07	5.7	5.3	4	3.51	1353
尼泊尔	5.75	6.06	5.79	5.51	4.95	4.65	227

　　资料来源：联合国网上数据库、《新中国五十年统计资料汇编》、《中国统计年鉴 2003》。

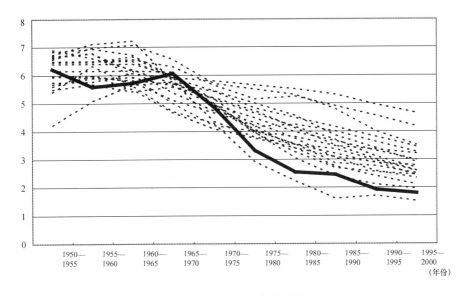

图3—6　生育率变化趋势

注：图中粗实线为中国，其余为表3—1中的其他国家。

为量化我国计划生育政策对生育水平所产生的影响，我们利用本研究建立的模型进行了模拟。结果表明（见图3—7），如自19世纪70年代初我国一直未开展计划生育工作（即假定生育政策力度为0），则由于其他因素的影响，生育水平也会呈现一定幅度的下降态势。到2000年前后，总和生育率将下降至2.7左右。这一结果与表3—1中除中国之外的其他国家之平均生育水平2.85（取简单平均数）十分吻合。利用上述模拟所取得的总和生育率，可粗略推算出，由于计划生育工作的开展，1971—1998年我国出生人口减少了2.7亿，这一结果与杨魁孚等采用趋势分析法估算的结果（3.38亿）十分接近。① 然而，本书所采用的分析方法显然较杨魁孚等所采用的方法更为客观，也更接近实际一些。

---

① 杨魁孚、陈胜利、魏津生主编：《中国计划生育效益与投入评估》，人民出版社2000年版。

**图 3—7　假设未曾开展计划生育工作，模型给出的总和生育率
与实际总和生育率的比较**

注：粗实线为实际值，细实线为拟合值。

利用本模型进行模拟的结果显示，如果从 2006 年起取消计划生育政策，则总和生育率已在 2 以下。这一结论与陈胜利、张世琨所做生育意愿调查结果非常接近。[①]

结　论

尽管由于受到数据来源的限制（如对普遍认为被低估的 20 世纪 90 年代的生育率未做任何调整），本研究给出的模型有其显而易见的局限性，但模型的确较为清晰地刻画出了我国生育水平在多种因素影响下的下降过程。

第一，大力开展计划生育工作对有效遏制我国人口的过快增长起到了决定性作用，这一点与绝大多数人口学者及长期从事计划生育工作的广大计划生育工作者的看法是相吻合的。

第二，经济发展水平在我国生育水平的下降过程中产生了有益的作用，但其影响力远小于计划生育政策。然而考虑到期望寿

---

①　陈胜利、张世琨主编：《当代择偶与生育意愿研究——2002 年城乡居民生育意愿调查》，中国人口出版社 2003 年版。

命的提高在很大程度上取决于生活水平的提高，因此经济发展水平对我国生育水平下降的作用也是不容忽视的。

第三，成人受教育水平在我国生育水平下降的过程中也起到了重要作用。然而值得引起注意的是，虽然成人受教育水平的提高在长期有利于降低生育水平，但在短期却可能对生育水平有一定的正向刺激作用。这一点与战捷的结论有相似之处。[1]

第四，由于生育水平不可能无限制地下降，当生育水平低于更替水平之后本模型显然不再适用。

第五，由于本模型中所选取的部分变量与理论定义有一定的区别（如成人受教育状况），数据也不尽如人意（计划生育工作力度只给出了区间值，期望寿命为每五年一次取值），所以在引用本模型所得结论时须加以注意。

---

① 战捷：《文化与生育相关性研究》，载蒋正华主编《1992 年中国生育率抽样调查论文集》，中国人口出版社 1996 年版，第 199—212 页。

第四章

政策生育率的选择与
人口预测

一 人口预测地位和作用的回顾

人口预测就是根据现有的人口状况并考虑影响人口发展的各种因素，按照科学的方法，测算在未来某个时间的人口规模、水平和趋势。人口预测可为社会经济发展规划提供重要信息，预测的结果可以指明经济发展中可能发生的问题，借以帮助制定正确的政策。

我国人口预测工作是随着我国计划生育工作的开展而逐步建立起来的。人口模型有几个重要参数，包括死亡率、生育模式（指妇女在生育年龄区间不同年龄下的生育水平），都需要通过统计数据，建立函数。为了进行人口预测和政策模拟，在模型中还需确立一个体现政策的"政策变量"。

1962 年，第一次全国人口普查后，人口研究为了说明人口与经济的关系，开始进行一些初步的人口预测。马寅初与钟慧澜教授分别对我国人口发展趋势作了年增长率为 2%、3% 的预测。马寅初说："如以净增长率 2% 计算，15 年后将达到 8 万万，50 年后将达到 16 万万。如以 3% 计算，15 年后将达到 9 万万 3000 人，50 年后将达到 26 万万。"钟慧澜以 2% 的增长率预测如下：1956 年为 6.3 亿，1961 年为 7 亿，1966 年为 7.7 亿，1981 年为 8.5 亿，1976 年为 9.3 亿，1992 年为 12.6 亿。[①] 为此马寅初在《新人口论》中指出："每人平均分到的耕地，已自 1953 年的 2 亩 8 分降到 1955 年的 2 亩 7 分"，"长此下去，如何得了"[②]。可见，20 世纪 50 年代的人口预测尽管很简单，但是其对于说明中国人口问题的严重性，唤起各界对人口问题的重视，是具有一定意义的。令人遗憾的是，受 50 年代末到 60 年代初各种社会、政治、经济因素的影响和干扰，"要进行计划生育"这一对中国人口发展问题的认识，不但没有得到提高，鼓励生育反倒成了这一时期的主导人口思想，人口研究成了无人问津的"禁区"，人口预测作为人口学研究的一个组成部分，其发展的萌芽也就被深深地埋了起来。

1972 年的中国第二次人口出生高峰期间，全国人口出生率在 30‰以上，这个时期年平均人口自然增长率保持在 26‰左右，平均每年新出生人口在 2500 万以上，大大超过 20 世纪 50 年代的水平，使人口问题比 50 年代更加严重起来。在这种情况下，我国政府认为人口非控制不行。70 年代初，国家在编制第四个五年计划时，周恩来总理提议，将人口计划纳入国民经济计划。通过对人口自然增长过程进行多种假设测算后，1971 年 7 月，国务院提出在第四个五年计划期间，使人口自然增长率逐年降低，力争到 1975 年一般城市降到 10‰左右、农村降到 15‰以下。在考虑到一个家庭生育两个孩子是可以接受的情况下，在第四个五年计划中，还提出了"一个不少，两个正好，三个多了，一个家庭有两个孩子最理想"的生育政策。[③] 1973 年 12 月又提出了更为具体的"晚、稀、少"生育要求。因此，20 世纪 70 年代，中国人口增长

---

① 邬沧萍：《生育政策和人口发展战略》，载邬沧萍、梁文达主编《中国人口发展战略研究》，武汉出版社 1988 年版。

② 马寅初：《新人口论》，广东经济出版社 1998 年版，第 18 页。

③ 李宏规：《中国人口政策》，载中国社会科学院人口研究中心编《中国人口年鉴》，中国社会科学出版社 1985 年版。

势头得到抑制，人口自然增长率由 1971 年的 23.35‰，下降到 1979 年的 11.61‰，下降了一半多。总之，1973—1978 年我国计划生育工作逐步推行时期，采用以自然增长率为假设参数进行的人口预测，为国家制订人口发展计划，以及对各省、自治区、直辖市提出人口增长的要求起到了主要参考作用。

自党的十一届三中全会以后，党和政府更加重视计划生育了。实事求是、一切从实际出发的思想路线的确立，使人们的思想更加解放，眼界更加开阔。错划右派的改正，为马寅初先生的平反，更增加了人们冲入沉寂 20 多年的人口研究"禁区"的勇气。社会科学界和自然科学界的研究工作者，纷纷投入人口问题的研究中。在当时统计数据严重不足的情况下，人口研究工作者大胆地对未来中国人口发展状况进行了预测分析，为认清中国人口的严峻形势、实现计划生育的战略转移起到了重要作用。

从 1978 年起，在第七机械工业部（简称七机部）二院副院长宋健的带领下，时任二院总体设计部副主任的于景元等人采用控制论的思想方法，建立了数学模型，用偏微方程来描述，开始对我国人口进行发展过程定量研究，这与控制理论研究有共性，为人口预测奠定了数学基础。与此同时，李广元开始与当时从事人口计划管理工作的萧振禹同志合作，分析了适应我国实际的主要预测参数，开创了我国社会科学工作者与自然科学工作者合作研究中国人口问题的道路。根据 1978 年公安部的人口数据，以妇女总和生育率为控制变量，采用多方案形式，他们对未来中国人口发展趋势进行了预测和判断。其主要结论如下。[①]

（一）如果从 1980 年起妇女的平均生育率为 3，即保持 1975 年的实际生育水平，1985 年总人口可达 10.73 亿，2000 年可达 14.2 亿，2020 年可达 19.15 亿，2050 年可达 24.49 亿，2080 年可

---

① 宋健等：《人口预测和人口控制》，人民出版社 1982 年版。

达 43.08 亿，即 100 年以后，我国人口数量将相当于当时全世界人口数之总和。

（二）如果从 1980 年起妇女的平均生育率为 2.3，保持 1978 年的实际生育水平，1985 年总人口可达 10.44 亿，2000 年可达 12.86 亿，2020 年可达 15.44 亿，2050 年可达 19.13 亿，2080 年可达 21.32 亿。

（三）如果从 1980 年起妇女的平均生育率保持为 2，即一律"两胎化"，总人口还要继续增长 72 年的时间。2000 年可达 12.22 亿，2020 年可达 15.42 亿，2052 年达到最高峰时，全国人口为 15.5 亿。从 2053 年起总人口开始下降，到 2080 年可降至 14.83 亿。

（四）如果从 1980 年起妇女的平均生育率保持为 1.5，即一半育龄妇女生一胎，另一半育龄妇女生二胎，全国人口还要再增长 47 年的时间。到 1985 年，总人口可达 10.12 亿，2000 年可达 11.3 亿，2020 年可达 11.75 亿，2027 年达到最高峰时，全国人口为 11.78 亿。从 2028 年起总人口开始下降，到 2050 年可降至 10.87 亿，2080 年可下降到 7.81 亿，即相当于 1968 年的人数。

（五）如果从 1980 年起妇女的平均生育率有一个明显的降低，到 1985 年降低到并一直保持为 1，全国人口在未来 25 年内还是要增大的。1985 年总人口可达 10.08 亿，2000 年可达 10.5 亿，2004 年达到最高峰时，总人口为 10.53 亿。从 2005 年起总人口开始下降，到 2020 年可降至 10.03 亿，2050 年可下降到 7.71 亿，2080 年下降到 3 亿。

宋健、于景元等的人口预测，"对于当时正在开展的控制人口增长，提倡一对夫妇只生一个孩子的宣传教育起到了显著作用"，"它为我国制定一对夫妇只生一个孩子的生育政策及 2000 年人口控制在 12 亿以内的发展战略起到了咨询与论证作用"①。"为揭开未来我国人口发展之谜，为国家制定人口政策和人口规划提供科学依据，进行了创造性的探索，这在国外也是一个新课题，所见不多。"②

1979 年 3 月，中国人民大学人口理论研究所提出《对控制我国人口增长的五点建议》，他们采用人口统计学的办法对到 2000 年的中国人口发展前景作了三种估计：第一种估计，如以新中国成立后到 1979 年每年平均递增 2%计算，到 20 世纪末就是 14.8 亿；第二种估计，如果按照计划生育水平，即农村两胎以上仍有 30%、城镇仍有 10%，20 世纪末人口将接近 13 亿；第三种估计，如果每对夫妇只生两个孩子，1980 年人口自然增长率就能降到 1%以下，1985 年人口 10.3 亿，到 20 世纪末可以控制到 12 亿，2020 年人口数达到 13.2 亿时就可以做到不增不减，亦即 48 年后就能做到人口静止。③ 他们认为比较实际可行的办法是：千方百计杜绝多胎，大力提倡一对夫妇只生一个孩子，杜绝三胎。④ "这是一个人口发展战略与完成战略的生育政策配套的建议"⑤，"主要建议国家要真正把控制人口增长纳入国民经济计划，把控制人口作为高速发展国民经济的一个重要环节，而大力提倡一胎是我国目前把人口增长较快降下来的一个比较可行的方案"⑥。建议引起国家领导同志的重视，并印发给 1979 年 4 月参

　　① 程度：《生育政策和人口发展战略》，载邬沧萍、梁文达主编《中国人口发展战略》，武汉出版社 1988 年版。

　　② 宋健等：《人口预测和人口控制》，人民出版社 1982 年版，"后记"。

　　③ 程度：《生育政策和人口发展战略》，载邬沧萍、梁文达主编《中国人口发展战略》，武汉出版社 1988 年版。

　　④ 宋健等：《人口预测和人口控制》，人民出版社 1982 年版。

　　⑤ 邬沧萍：《生育政策和人口发展战略》，载邬沧萍、梁文达主编《中国人口发展战略研究》，武汉出版社 1988 年版。

　　⑥ 萧振禹：《中国人口计划与生育控制》，载马宾主编《中国人口控制：实践与对策》，中国国际广播出版社 1990 年版。

加中央工作会议的同志。

从以上可以看出中国人口预测工作是随着计划生育工作的逐步推广而建立起来的，预测方法不一，预测结果也有一定差异，但中国人口预测始终是为人口政策服务的。人口预测"既用来预测计划生育将给人口未来发展带来的结果，而且也可以为决定当前采取什么具体要求与措施提供依据。从方法论的角度看，已经把以往的人口预测向前推进了一步"[1]。也就是说，人口预测结果将人口战略目标的确定与相配套的政策联系起来了，直接为制定人口战略和人口政策提供科学依据。

1982年第三次人口普查前由于缺少数据支持，各单位对我国进行的各种预测结果差异较大，有些人对这些预测持以怀疑态度，这是可理解的。1982年进行的第三次人口普查数据公布和全国千分之一人口生育率抽样调查公报后，有许多单位和个人对未来我国人口发展情况重新进行了预测，尽管各家采用的预测参数与模式不一样，但预测的结果却相差不大，[2] 在中国人口预测方法上，人们基本达到了共识。陈胜利指出"无论总和生育率模型、递进生育率模型，还是婚后持续时间生育模型，性质都是相同的。预测结果证明：只要生育、死亡参数水平相同，三种模型的预测结果是相同的"[3]。

但是在1984年4月13日"中共中央批转国家计划生育委员会党组《关于计划生育工作情况的汇报》"（即7号文件）中，却出现了人口政策背离人口战略目标的现象。7号文件一方面坚持原有人口战略目标，提出"根据我国当前的实际情况，为到本世纪末把我国人口控制在十二亿以内，要继续提倡

---

[1] 刘铮等：《人口统计学》，中国人民大学出版社1981年版，第277页。

[2] 赵旋：《中国最近20年少出生了多少人》，中国生育节育抽样调查国际研讨会会议论文，1991年。

[3] 陈胜利：《中国人口研究》，吉林人民出版社1990年版。

一对夫妇只生育一个孩子";另一方面提出要修改计划生育的具体政策,"对农村继续有控制地把口子开得稍大一些,按照规定的条件,经过批准,可以生二胎"(即"开小口"政策)。人口预测已为我们揭示出人口政策与人口战略目标之间的关系,修改政策前就应认识到,人口生育政策修改,必然导致完成不了原有人口战略目标。3 个月后,1984 年 7 月 30 日,赵紫阳在计生委两位干部把 12 亿以内改为 12 亿左右的建议上批示:"本世纪人口控制指标,可以增加一点弹性,没有什么了不起。"[①] 1984 年"开小口"政策开始试点,结果 1985 年后连续几年不同程度地超过了人口计划指标。[②] 计划生育不能没有人口目标,1988 年 3—4 月第七届全国人民代表大会政府工作报告中将 2000 年年末我国人口控制目标改为 12 亿左右。先修改计划生育政策又调整人口战略目标,对于这样一个涉及国家基本国策和战略目标的重大问题,还未征求广大人口预测工作者意见,未经过任何科学论证,就轻率地拍脑袋决策,对中国人口发展产生了巨大的影响。

　　1989 年后,人口预测在我国制定人口规划和人口战略中的地位和作用开始重新确定。1989 年在制定"八五"人口计划时,国家计委和国家计生委邀请中国人民大学人口研究所,航天部七一〇所及国家统计局人口统计司等单位对 1995 年和 2000 年人口发展情景进行预测。当时预测主要依靠的数据是 1982 年人口普查数和国家统计局 1987 年 1% 的人口抽样调查数据,预测方法不同,但预测结果基本是比较接近的。预测都采用三种生育方案,高方案为保持 1986—1987 年生育水平不变,这样几乎所有的预测结果

　　① 马宾:《"七五"人口失控,问题正是出在"12 亿左右"和"开小口子"》,《第五次全国人口科学讨论会论文选》,《中国人口科学》1990 年专刊。
　　② 彭珮云:《在"第五次全国人口科学讨论会"上的发言》,《第五次全国人口科学讨论会论文选》,《中国人口科学》1990 年专刊。

都是 2000 年全国人口将超过 13 亿；中方案为 1989 年后生育水平开始下降，这种假设是基于 1988 年后人口问题再次引起全国各界的高度重视，而计划生育政策开始强调要稳，各家预测 2000 年人口数为 12.8 亿—12.9 亿；低方案为生育水平下降比中方案的更低，2000 年预测人口数基本在 12.6 亿左右。[①] 最后，1990 年《中华人民共和国国民经济和社会发展十年规划和第八个五年计划纲要》中提出"争取今后十年平均人口自然增长率控制在 12.5‰以内"，由于当时第四次人口普查即将进行，1990 年年底人口数还不清楚，为了避免今后调整，所以十年规划中人口目标给出的不是一个绝对数，而是一个相对数。根据第四次人口普查，1990 年全国人口总数及十年人口平均自然增长率为 12.5‰，不难推算，2000 年的人口目标为 12.95 亿。沉痛的教训告诉我们，人口目标的确定必须要有科学依据。

二 进行人口预测的意义

人口预测是做好人口、社会、经济、环境、生态协调发展的重要一环。目前我国人口年龄结构已由"成年型"步入"老年型"。不同的人口年龄类型，在不同的时间跨度上，有不同的文明标准，对社会发展水平、经济增长速度及环境和生态状况有不同的要求。在生存与持续发展问题上，人口、社会、经济、环境、生态必须协调发展，已成为共识，协同共进必将成为永恒的命题。只有充分了解人口发展情况，对未来人口进行科学判断，才有利于协调人口、社会、经济、环境、生态共同发展，才有利于对就业、科学技术、产业结构、人民消费水平和结构、住宅、教育规模和结构等一系列方面进行调整规划。同样，根据我国经济、资

---

① 苏荣挂：《人口预测综述》，《中国计划生育年鉴》，学苑出版社 1990 年版。

源、环境、生态情况，确立了在我国 960 万平方公里土地上究竟能容纳多少适度人口后，人口预测有助于采取措施使得我国人口由现实人口向适度人口平稳过渡。

人口预测的特殊性与预测者本身的主观因素对人口客观发展规律的认识及统计数据真实情况有着密切关系。同时，社会经济因素对人口发展的影响和作用，使得人口发展规律本身也在不断发生变化，预测者不能照搬和沿用以往预测中使用的各种假设和参数设定。比如，我国妇女生育水平和死亡水平出现的新特点，不同地区人口发展表现的新特征，是人口预测过程中必须要考虑的主要内容之一。人们在预测实践中通过不断努力，可以深化对人口客观规律的认识，因此人口预测通过重新假设和对有关参数的修改，可以逐步提高预测的精确度，使预测结果更加符合未来的实际。同时，社会经济因素与人口变动之间的关系十分复杂，对于这种关系的认识我们只能逐步加深，而不可能完全穷尽。预测者既不可能一丝不差地预测出未来社会经济因素在何时、何地和以何种程度发生变化，也不可能十分准确地量化出这些变化对今后人口变动各要素的影响，因而在人口预测中做出的假设和设定的参数都不可能不带有一定的主观局限性，从而使人口预测的结果永远不会百分之百地符合实际，正因为如此，人口预测必须要以延续的、滚动的形式长期进行。

我们对人口变动规律的所有认识，都来自对人口统计数据的分析研究。从人口统计数据来源来看，我国大型人口调查，有每年国家统计局进行的人口抽样变动调查和 10 年一次的全国人口普查。1990 年第四次人口普查汇总后，国家统计局发现 1982 年至 1989 年各年的人口抽样调查数据存在误差，因此国家统计局对 1982—1989 年人口变动抽样调查数据进行了调整和修正，2000 年人口普查后，国家统计局又对 1997 年和

1998 年两年的人口数进行了调整。[①] 因此人口预测要根据最新统计数据，对预测结果进行修正，达到逐步提高预测精度。

三　1990—2000 年总和生育率估计

人口预测依赖于对目前生育和死亡水平的分析及对未来生育和死亡水平趋势的判断。进入 21 世纪后，研究人员在估计近期生育率水平和设计未来生育方案时遇到了从未有过的困难，突出的问题是，通过两次生育率调查（1992 年和 1997 年）和 1995 年 1% 人口抽样调查及历年人口抽样变动调查得到的数据显示，从 1991 年开始，我国生育水平表现出急剧下降趋势，并且在 1991 年就已达到和接近更替水平。生育水平的这种急剧下降程度，其可信度有多大、未来能否维持下去等，这些不确定因素给人口预测研究增添了难度。

从几次人口普查中计算得到的相同年份出生人口的数量，我们将其作为判断和比较不同普查数据质量的基础数据。张为民等对 1982 年人口普查得到的 0—7 岁人口数和 1990 年人口普查得到的 8—15 岁人口数进行了对比分析，[②] 认为 1982 年 0—7 岁人口数存在漏报。通过对 1990 年普查数据得到的 1989 年 11 月 1 日 0—7 岁年龄结构数（1% 抽样）和第五次人口普查得到的 11—18 岁年龄结构数对比，可以发现，1989 年 0—7 岁人口数也存在漏报，通过对留存率假设，我们估计了 1990 年第四次人口普查可能的漏报率（见图 4—1）。

---

① 参见 1999 年、2002 年《中国统计年鉴》，中国统计出版社出版。

② 张为民、崔红艳：《中国 1990 年人口普查数据质量的评价》，载国务院人口普查办、国家统计局人口统计司编《中国 1990 年人口普查国际讨论会论文集》，中国统计出版社 1993 年版。

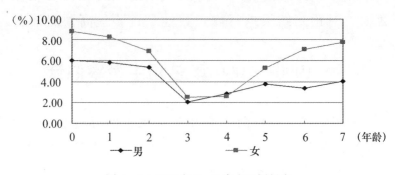

图 4—1　1989 年 0—7 岁人口漏报率

实际上，统计部门和一些学者早已研究发现，人口普查或调查漏报的基本规律是：在普查或调查年份较近年份出生的人口漏报率较高，也就是说，在普查或调查数据中，低年龄组人口的漏报率较高，而其他年龄组人口的漏报率较低，其数据相对比较可靠。但图 4—1 中两条漏报率曲线却不符合这个规律，0—3 岁漏报率的下降和 3—7 岁漏报率的上升，形成了图 4—1 中两条"V"形曲线。从出生年份来看，1989 年 7 岁到 0 岁人口分别是 1982 年到 1989 年出生的，漏报率最低的三年分别是 1984 年、1985 年和 1986 年，这三年恰是实施"开小口"生育政策时期，"开小口"政策使得许多计划外生育成为计划内生育，即使得不能上户口的出生漏报人口成为可以正常上户口的出生人口，因此这个时期漏报率就很低。

假设 2000 年第五次人口普查 10—19 岁的人口数是可信的，这组年龄人口恰是 1981—1990 年出生的，根据存活反推法，就可估计出 1981—1990 年出生人口数，再根据生育基数法，就可估计出 1981—1990 年的妇女总和生育率。

表 4—1 给出了 2000 年第五次人口普查、1990 年第四次人口普查、1988 年生育节育调查得到的 1981—1990 年妇女总和生育率。

表 4—1 　　　　　　　　　　1981—1990 年妇女总和生育率

年份	1988 年生育节育调查	1990 年第四次人口普查	2000 年第五次人口普查
1980	2.40	2.42	2.51
1981	2.62	2.42	2.57
1982	2.86	2.85	3.02
1983	2.42	2.57	2.55
1984	2.37	2.38	2.51
1985	2.18	2.39	2.40
1986	2.34	2.38	2.58
1987	2.52	2.57	2.78
1988		2.39	2.50
1989		2.24	2.47
1990		2.14	2.45

　　从表 4—1 显示的 20 世纪 80 年代生育水平波动规律来看，两次普查和一次调查得到的总和生育率其起伏变化趋势是完全一致的，但水平高低却存在明显的差异，第五次人口普查得到的生育水平相对高一些。将第五次人口普查与第四次人口普查得到的总和生育率相比较，除在个别年份（1983 年和 1985 年）相差比较小外，在其他年份，均高于 0.1。特别是 1990 年、1989 年和 1987 年，分别高出 0.31、0.23 和 0.21。1980—1990 年出生的人口在 1990 年第四次人口普查中限于低年龄人口，但在 2000 年第五次人口普查中却不仅限于非低年龄人口，所以本书更相信第五次人口普查得到的结果。

　　采用上述方法，根据 2000 年第五次人口普查中的 0—9 岁年龄数也可得到 1991—2000 年的妇女总和生育率。同 1982 年第三次人口普查、1990 年第四次人口普查一样，2000 年第五次人口普查在低年龄段也不可避免地存在漏报，直接计算得到的总和生育率必然偏低。对于如何估计 2000 年第五次人口普查低年龄段漏报率，我们认为直接用 1990 年第四次人口普查或 1982 年（第三次人口普查）低年龄段漏报率作为 2000 年第五次人口普查低年龄段漏报率不妥，要综合考虑以下因素。

其一，从我国的国情来看，对妇女生育行为影响最大的是计划生育政策和工作力度。从 20 世纪 80 年代末开始，我国更加重视计划生育工作，1988 年年初提出了新时期"统一思想，稳定政策、抓进工作"的计划生育方针，1991 年中共中央、国务院颁布了《加强计划生育工作的决定》（以下简称《决定》），《决定》明确指出各地党政负责人必须亲自抓计划生育工作，要作为衡量政绩的一条重要标准，各级财政再困难也要增加计划生育经费。《决定》成为整个 90 年代落实计划生育工作的纲领性文件。领导重视、投入加大，计划生育宣传、服务、支持和保障体系在 90 年代进一步得到完善。特别是一些贫困地区将计划生育工作与脱贫致富、发展经济有机结合起来，从根本上扭转了一些贫困地区"越生越穷，越穷越生"的落后面貌。所以 20 世纪 90 年代妇女生育水平应保持下降趋势。

其二，20 世纪 90 年代计划生育工作环境与 90 年代以前相比发生了变化，特别是自 1991 年以后，全国各地普遍实行党政一把手对计划生育工作负总责，在促进计划生育工作开展的同时，也产生了负面效应，一些地方领导为了保先进、保政绩，不愿实查出生漏报，甚至有意瞒报出生人口，所以 90 年代出生人口漏报瞒报要比 80 年代严重。

其三，第五次人口普查前，全国许多地区开展了人口清理工作，对摸清 90 年代出生人口数的确起到了一定作用。但这种清理的结果必将是，越早年份补报率越高，1991 年的补报率一定比 1997 年的补报率高，90 年代初期补报率高有两方面的原因：一是早些年份的计生工作是由过去的领导负责的，现在查出这些漏报的孩子，是现任领导按照中央文件精神开展清查工作的政绩；二是早年出生的孩子逐渐长大，家长希望这些孩子被查出来或主动提出是计划外生育的孩子，乘普查之机还能方便上户口。90 年代后期补报率较低的主要原因是现任领导怕影响政绩，被"一票否决"，人口清理工作自然不够彻底。

曾毅认为，[①] 90 年代初期全国计划生育日常统计出生数漏报率为 36.62%（1991—1992 年）。张为民认为 1995 年 1% 抽样人口调查农村漏报率为 30%。[②] 根据上述分析，综合考虑各种因素，表 2 给出了我们对第五次人口普查 0—9 岁人口漏报率的估计。当知道出生人口数后，采用生育基数法，就可估计出总和生育率。表 4—2 给出了三种统计报告出生人口数（国家统计局历年人口统计变动调查公报数据、国家计生委日常统计出生数及第五次人口普查 0—9 岁人口推算数）及相应总和生育率。

表 4—2　　　　　　　　　　1990—2000 年总和生育率估计

年份	统计年鉴报告数		计生委日常出生统计			"五普" 0—10 岁年龄统计数*			
	出生人口数（万人）	总和生育率	出生人口报告数(万人)	30%漏报率后（万人）	总和生育率	出生数（万人）	漏报率假设（%）	漏报率后出生数（万人）	总和生育率
1990	2391	2.14	1895	2707	2.42	2742	0.0	2742	2.45
1991	2265	1.96	1697	2424	2.10	2098	4.7	2201	1.91
1992	2125	1.83	1596	2279	1.96	1956	6.7	2097	1.80
1993	2132	1.82	1570	2242	1.91	1866	7.8	2023	1.72
1994	2110	1.80	1575	2250	1.92	1713	9.8	1899	1.62
1995	2063	1.78	1516	2166	1.87	1759	10.4	1963	1.69

①　曾毅：《我国 1991—1992 年妇女生育率是否大大低于更替水平》，载蒋正华主编《1992 年中国生育率抽样调查论文集》，中国人口出版社 1996 年版。
②　张为民：《关于妇女生育水平的讨论》，《人口研究》1997 年第 2 期。

续表

| 年份 | 统计年鉴报告数 | | 计生委日常出生统计 | | | "五普"0—10 岁年龄统计数* | | | |
	出生人口数（万人）	总和生育率	出生人口报告数（万人）	30%漏报率后（万人）	总和生育率	出生数（万人）	漏报率假设（%）	漏报率后出生数（万人）	总和生育率
1996	2067	1.81	1455	2079	1.82	1578	12.4	1802	1.58
1997	2038	1.82	1388	1983	1.77	1495	13.5	1729	1.55
1998	1942	1.78	1383	1976	1.81	1446	18.4	1772	1.63
1999	1834	1.73	1288	1839	1.73	1182	29.2	1670	1.57
2000	1773	1.71	1292	1845	1.78	1409	16.5	1687	1.63
2001	1702	1.68	1257	1796	1.77				

注：*根据 2000 年 0—9 岁人口数，采用留存率反推法，得出 1990—2000 年出生人口数。期望寿命假设是 1990 年男、女分别为 67.77 岁、71.15 岁，2000 年分别为 69.54 岁、73.01 岁。

从表 4—2 可以看出，三种方法得到的总和生育率具有一个共同的特点，即 1990—2000 年妇女生育水平保持持续下降的态势。但从总和生育率的大小变化来看，存在一些差异，表现在如下几个方面。

第一，对 1990 年总和生育率而言，由统计局人口抽样变动调查得到的偏低，而由国家计生委日常出生统计和"五普"分别推算的 1990 年总和生育率却非常接近。值得一提的是，在通过"五普"数据推算 1990 年总和生育率时，是假设 10 岁人口数普查漏报率为 0，如果这个漏报率不为 0，得到的总和生育率将比 2.45 还要高。

第二，对 90 年代初期（1991—1994 年）总和生育率下降速度而言，其比人口抽样变动调查和"五普"分别推算得到的总和生育率下降要快，而由国家计生委日常出生统计推算的总和生育率下降稍微缓慢。

第三，对 1995—2000 年的总和生育率而言，人口抽样变动调查和国家计生委日常出生统计分别推算得到的总和生育率比较接近（1.8 水平），而由"五普"推算的总和生育率非常低（1.6 水平）。如果不考虑漏报，由"五普"推算的总和生育率还将更低。

总之，通过可能得到的数据，我们估计了三组 1990—2000 年妇女总和生育率值。目前我们还无法肯定回答 1991—2000 年妇女总和生育率实际值是多少，上述估计出的三组值，可能有一组是实际值，也可能一组也没有，这只能等到几年后的第六次人口普查来回答验证了。

四 预测方案选择

（一）初始年份人口年龄结构

人口年龄结构的确定是进行人口预测的基础。根据 2000 年第五次人口普查数据，国家统计局对过去 1990—2000 年公报人口数（以下简称统计公报数）进行了调整，调整后 2000 年人口总数为 12.6743 亿。最后本书选择的人口年龄结构方案为：2000 年年底人口总数为 12.67 亿，0—9 岁人口数按统计公报数确定（假设"五普"0—9 岁人口漏报 3707 万），调整"五普"10 岁以上人口数（重报 1462 万）。

（二）生育方案

在 1979—1980 年进行人口预测时，生育方案描述的是不同生育政策假设下，未来可能达到的生育水平。在 1985—1992 年人口预测中，一般包括高、中、低三种生育方案，高生育方案指的是保持当时统计得到的较高生育水平（即保持生育水平现状），中和低生育方案的生育水平比高方案的要低，分别描述加强人口控制工作后，未来可能实现的生育水平。1993 年后，一方面，生育水平保持下降趋势，人们开始怀疑出生漏报，统计的生育水平是否偏低；另一方面，当时的计划生育政策，是针对 2000 年人口控制目标而确定的，不可能永远保持不变，未来生育政策必须进行调整，因此在进行生育方案假设时，往往也都考虑到了这两方面的因素。

2000 年中共中央、国务院颁布《关于加强人口与计划生育工作稳定低生育水平的决定》，进一步明确了新时期计划生育的工作方向。2001 年通过的、2002 年 9 月 1 日开始实施的《中华人民共和国人口与计划生育法》，是稳定加强当时计划生育政策的具体措施，一个时期内妇女生育水平不会有太大起伏，但是按照各省颁布的《人口与计划生育法》，已经进入婚育期的两位本人都是独生子女的夫妇就可以生育两个孩子，根据"五普"数据分析，[①] 农业人口夫妇基本上平均生育两个孩子，非农业人口夫妇平均生育一个孩子，所以人口与计划生育法的实施，可能使非农人口妇女生育水平有所提高，从而带动总体生育水平的提高。同时，通过第五次人口普查数据、统计公报数及计生委出生统计数得到的总和生育率（见表 4—2），也许就是当时生育政策、工作力度下及当时社会经济发展环境下，妇女生育水平的真实反映。此次生育假设方案，是在对我国颁布的有关计划生育政策文件和法律的理解和对一个时期内妇女生育水平变化分析基础上做出的，不是指不同生育政策下未来可能达到的生育水平，而是对当时生育政策下可能达到生育水平的推测。在本书中，我们采用了两种生育方案进行预测。

第一种方案是总和生育率为 1.68，这是 2001 年统计公报数对应的妇女生育水平。

第二种方案是 2001 年总和生育率为 1.68，到 2010 年增加到 2.04，2011—2100 年总和生育率保持在 2.04 不变，这里之所以采用 2.04 作为生育参数主要是参考了国家计生委宣教司组织的

[①]　国务院人口普办公室编：《中国 2000 年人口普查资料》，中国统计出版社 2002 年版。

"2002 年城乡居民生育意愿调查"的结果。

（三）预测情况方案

这里死亡水平假设方案是 2001 年男女期望寿命分别是 69.72 岁和 73.21 岁，2050 年男女期望寿命分别达到 76.60 岁和 80.42 岁，2100 年则分别为 82.25 岁和 87.38 岁。出生性别比的假设为 108.99。根据初始年人口结构方案和生育假设方案，最后得到预测情景方案，见表 4—3。

表 4—3　　　　　　　　1990—2050 年人口预测情况方案

情景方案	初始人数及年龄结构	生育方案	人口期望寿命	
方案一	2000 年年底大陆人口总数为 12.67 亿，0—9 岁人口数按统计公报数确定，调整 10 岁以上人口数	2001 年总和生育率为 1.68，到 2010 年不断增加为 2.04，2011—2100 年为 2.04	2050 年	2100 年
			男：76.60 岁 女：80.42 岁	男：82.25 岁 女：87.38 岁
方案二	2000 年年底大陆人口总数为 12.67 亿，0—9 岁人口数按统计公报数确定，调整 10 岁以上人口数	2001—2050 年：总和生育率保持 1.68 不变	男：76.60 岁 女：80.42 岁	男：82.25 岁 女：87.38 岁

五　预测结果

我们采用年龄递进模型，[①] 根据上述两种方案对未来我国人口发展趋势（不包括香港、澳门和台湾地区）进行了预测，结论

---

① 于景元、袁建华等：《中国人口预测》，载国家统计局人口与就业统计司编《1990 年人口普查数据专题分析论文集》，中国统计出版社 1995 年版。

如下。

(一) 人口总数

　　未来 50—100 年，我国人口仍然将保持较大规模，2050 年我国人口总量将达到 13.36 亿—15.15 亿，2100 年将为 9.16 亿—14.33 亿。在未来的一段时间内，无论是高方案（方案一）还是低方案（方案二），中国人口都将维持强大的惯性，保持较快的增长。在方案一的情况下，由于设定的生育水平较高，人口将在 21 世纪 40 年代中期达到峰值后逐步下降，而方案二由于假定的生育水平较低，峰值的来临则提早了许多，大约在 21 世纪 20 年代中后期就已经出现，此后整个人口呈快速缩减态势，大约在 21 世纪 80 年代末 90 年代初开始低于 10 亿（见图 4—2）。根据预测，我国人口的峰值为 14.21 亿—15.24 亿。从两方案的人口总数曲线可以看出，不同的生育率水平对未来中国人口总量的影响还是十分明显的，方案一中，人口总量的变化比较平稳，而在方案二中，中国人口总量在 21 世纪 30 年代以后会出现一个快速的下降过程，两方案人口之间的差距也越来越大，到 2100 年相差超过了 5 亿人，这是一个巨大的差距。

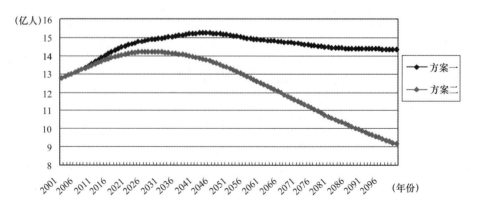

图 4—2　百年人口总数预测

方案一是需要特别说明的方案，这个方案假设生育水平从 2001 年的 1.68，上升到 2010 年的 2.04，然后保持不变。按照 2002 年 9 月 1 日开始实施的各地人口与计划生育法，已经进入婚育期的两位本人都是独生子女的夫妇就可以生育两个孩子，这样城镇生育水平将会提高，必将带动全国生育水平回升，这就是假设总和生育率从 1.68 开始升高的原因。考虑到未来计划生育的长期性，总和生育率可能稳定在比更替水平略低的 2.0 左右，这样既能保证人口年龄结构的平稳过渡，又能使未来人口进入零增长和负增长。所以，方案一完全可能是未来人口发展中出现的情景方案。

1. 出生人口数

由于总人口规模巨大和育龄妇女人数众多，在未来 50 年内，我国出生人口数量仍然较大，在预测期的后 50 年，方案一的出生人口数量仍然保持在高位，而方案二则出现了较快的下降，并且由于前几次生育高峰的影响，两方案的出生人数都表现出一定的波动，但每次波峰与波谷之间的差距会随着时间的推移逐渐缩小，也就是说，出生人口曲线会变得越来越平滑（见图 4—3）。具体来说，在方案一中，由于假定的生育水平较高，出生人口绝对数在未来近 100 年的时间内将始终保持在 1500 万以上，2012 年达到最高，为 2214.9 万人，并于 2038 年、2063 年和 2087 年出现几次明显的波峰，2028 年、2052 年和 2077 年前后出现几次波谷，整条曲线由震荡逐渐趋缓并伴有缓慢下降趋势。方案二虽然曲线也表现出一定的波动性，但除第一次波峰外，其他波峰和波谷并不十分明显，但其下降速度较方案一更快，在 2068 年出生人口数开始低于 1000 万，到 2100 年已经下降到接近 700 万人，在该方案中，出生人口的峰值也出现在 2012 年，为 1824 万人。与人口总数相似，由于生育水平不同的影响，在 2050 年之前，方案二较方案一累计少出生人口 1.85 亿，到 2100 年这一数据则达到了 5.61

亿之多。

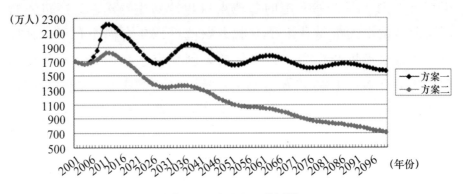

图 4—3　出生人口数预测

2. 人口年龄结构

（1）劳动年龄人口

作为一个人口大国，中国未来 100 年内，劳动年龄人口都将保持一个较大的规模。受现实人口年龄结构的影响，在未来 10 年左右时间内，中国的劳动年龄人口仍然将保持增长态势，到 2013年达到历史上的最高值，约 9.28 亿人，但达到顶点之后的下降趋势值得我们注意。在方案一中，由于考虑了较为宽松的计划生育政策及相应较高的生育水平，劳动年龄人口的下降保持了一个相对舒缓的速度。在方案二中，劳动年龄人口的下降速度较快，几十年的时间将使劳动年龄人口减半，这种快速的下降是否会引起日后劳动力供给不足，从而影响整个社会经济的发展？这个问题应该引起我们足够的重视。

与劳动年龄人口总量的变化趋势相对应的是，劳动年龄人口年龄中位数也会以较快的速度从目前的 34 岁左右攀升至 39 岁左右，并一直在高位徘徊。劳动年龄人口年龄中位数的提高意味着劳动年龄人口的整体趋于老化，这种趋势将可能对整个社会经济的活力产生影响。具体分析两个方案：方案一由于劳动年龄人口下降的速度比较舒缓，所以年龄中位数趋于稳定以后比方案二要低两岁左右，基本在 37.5—38 岁，而方案二由于其劳动年龄人口下降速度很快，劳动年龄人口迅速老化，年龄中位数最高冲破了 40 岁，在趋于稳定之后，也基本在 39.5—40 岁，始终处于高位。预测结果表明，一个较高的生育水平将有助于延缓劳动年龄人口的老化并降低其老化程度。

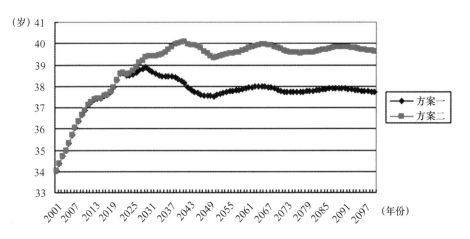

图 4—4　劳动年龄人口年龄中位数预测

（2）人口老龄化

老龄化是未来中国人口一个不可避免的趋势。2001 年我国已进入老年型人口国家之列，65 岁及以上人口占人口总数比例超过 7%。预测表明，在未来 100 年内，我国人口的老龄化程度将不断提高，根据方案一的情况，2050 年 65 岁及以上老年人口的比重将超过 21%，2100 年则接近 25%；方案二由于假定的生育水平更低，其人口老龄化的速度更为迅速，2050 年 65 岁及以上老年人口的比重将超过 24%，2100 年更是高达 31.7%。从图 4—5 中可以看出，无论是方案一还是方案二都无法逆转中国人口老龄化的趋势，65 岁及以上人口将会在 21 世纪 30 年代中后期超过 20%，在此之前，老龄化的速度十分快，在此之后略为平缓，但老年人口比例上升的总体趋势不可改变。具体分析方案一和方案二，可以发现，在 21 世纪 30 年代中期以前二者差距极小，但此后随着时间的推移差距逐渐拉大，到 2100 年相差近 7 个百分点。两个方案的差异说明，较高的生育率水平将有助于延缓人口老龄化的速度并降低老龄化的程度。

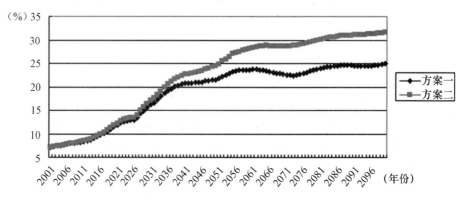

图 4—5　65 岁及以上人口比例预测

（3）抚养比

在整个预测期内，65 岁及以上老年人口抚养比也呈现上升的态势。从两方案的比较来看，方案一的老年人口抚养比上升相对较缓，而方案二的老年人口抚养比则表现出较快的上升趋势，两方案的差距从 21 世纪 30 年代中后期开始逐渐拉大，至 2100 年二者相差近 14 个百分点。老年人口抚养比的上升意味着整个社会养老负担的加重，在我们的整个预测期内，沉重的养老负担将成为困扰中国的一个重要问题，如何缓解和解决这一问题需要提前加以考虑。

与此同时，老少比（65 岁以上人口与 0—14 岁人口比）也同样呈现明显的上升态势。但由于受出生人口减少和老年人口比重上升的双重影响，两方案之间的差距扩大得更为迅速，差异也更大，到 2100 年二者相差约 100 个百分点。

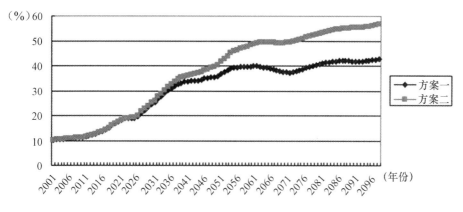

图 4—6　65 岁老年人口抚养比

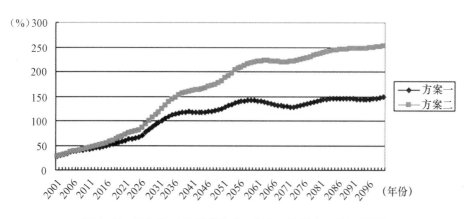

图 4—7　老少比（65 岁以上人口与 0—14 岁人口比）预测

　　总之，现阶段生育水平低于更替水平，并不等于人口总数马上就进入了零增长和负增长，人口发展的惯性，使得未来 30—40 年人口总数还会不断增加。未来 20 年左右将是我国适应和面临低生育水平社会挑战的关键时期，一方面要面临不断加剧的剩余劳动力的压力，另一方面又要尽快建立起全社会的养老保障制度，迎接快速人口老龄化的到来。但是，从两个方案的比较可以发现，不同的生育率水平下，中国未来的人口状况是不相同的，在方案二的情形下，中国人口会在未来较早时期达到其峰值后以一个很快的速度下降，并在 21 世纪末降到 10 亿以下，但是这种快速的人口总量下降过程将会带来人口结构的失衡，造成劳动年龄人口和总人口的老龄化，并有可能引起一定时期的劳动力供给不足，同时形成巨大的养老压力，使社会经济运行环境恶化。方案一采用了一个略低于更替水平的生育率水平，虽然使中国人口的峰值时间来临得稍迟一些并且峰值较方案二高，但是它却使中国人口在达到峰值以后保持了一个相对平缓的下降过程，保证了劳动年龄人口的平稳供给，虽然无法逆转人口老龄化的客观趋势，但是可以在一定程度上延缓人口老龄化的速度和降低人口老龄化的程度。

结 论

过去 20 多年来，我国控制人口增长取得了巨大成果，最重要的一点是我们走了一条目标、计划、政策和行政管理相结合的中国式的计划生育道路。根据国情决定了计划生育仍然是 21 世纪的基本国策，21 世纪中叶乃至 21 世纪末的人口发展战略目标，应在可持续发展的总体框架下，结合人口发展规律进行研究制定。

由于历史的原因，我国人口膨胀，产生了巨大的人口压力。为缓解这种压力，我们不得不实行低生育率水平政策，但人口发展的惯性又带来低生育率水平社会的一系列压力，使我国面临人口数量和人口结构双重压力。未来人口发展的主要趋势是：在 21 世纪 20 年代后相继进入人口总数、劳动力总数和老年人口总数三大高峰，其中人口总数峰值可能为 14.22 亿—15.24 亿（21 世纪 30 年代或 40 年代），劳动力人口（15—59 岁）峰值在 9.28 亿（2013 年前后），老年人口峰值可能在 4 亿左右。一方面，人口数量庞大对社会经济资源和环境的压力将会长期存在，数量问题仍将是 21 世纪主要人口问题；另一方面，低生育水平带来的社会问题将逐渐显现出来。在我们进入 21 世纪的同时，也将进入老龄化社会，我们将面临来自老龄化速度快与社会发展转型速度慢之间矛盾的挑战。

在未来人口政策取向上，我们绝不应将目前出现的和即将出现的低生育水平压力与我国实行的计划生育对立起来。必须清醒地认识到，人口数量过多是人口与社会经济资源环境之间最主要的矛盾，低生育水平是我国必须长期坚持的计划生育工作方向，坚持控制人口的快速增长可避免给可持续发展带来不利影响。同时，还要注意研究低生育率水平社会可能出现的问题，积极采取措施，防患于未然。因此，在 2010 年以前不要松动现行政策，保持人口政策的稳定性；很显然 21 世纪一直保持现行政策也是不可取的，因为生育水平一直保持在更替水平以下，当人口完成增长惯性过渡期后，人口数量将会越来越减少，那时社会对劳动力需求、人口老龄化等问题将会影响经济发展，威胁社会稳定。因此，2010 年以后，应从人口本身发展的实际和其他因素综合、科学的考虑，对现有政策进行合理调整。

附　表[①]

附表 1　　　　**中国人口预测主要结果（1）——人口总数**　　　（单位：人）

年份	方案一	方案二	年份	方案一	方案二
2001	127604.9	127604.9	2051	151207.6	132794.7
2002	128430.3	128430.3	2052	150910.9	131967
2003	129227.6	129227.6	2053	150602.6	131114.3
2004	130004.4	130004.4	2054	150294.6	130244.5

---

① 注：附表 1 至附表 6，为课题组袁建华计算。

续表

年份	方案一	方案二	年份	方案一	方案二
2005	130768.8	130768.8	2055	149993.3	129361.2
2006	131545.6	131526	2056	149706.5	128470.5
2007	132371	132282.4	2057	149438.6	127576.8
2008	133255.7	133047.1	2058	149188.3	126679.9
2009	134266.5	133827.4	2059	148959.2	125785.7
2010	135441.1	134622.1	2060	148751.6	124897
2011	136620.3	135421	2061	148557.3	124008.8
2012	137785.5	136207.7	2062	148379.1	123126.9
2013	138915.9	136964.9	2063	148200.4	122238
2014	139998.1	137679.9	2064	148021.7	121345.5
2015	141023.8	138344.9	2065	147851.3	120460.5
2016	141992	138960.3	2066	147678.6	119574.9
2017	142906.3	139529.4	2067	147500.4	118687.4
2018	143764.6	140049.4	2068	147316.9	117799.8
2019	144563.3	140518.6	2069	147113.5	116898.5
2020	145299.4	140933.6	2070	146901.7	115995.4
2021	145966.3	141287.8	2071	146672.8	115081.4
2022	146561.5	141578.5	2072	146437.1	114166.2
2023	147086.4	141807	2073	146192.2	113245.7
2024	147544.5	141974.6	2074	145942.8	112322.6
2025	147941.3	142085.2	2075	145692.4	111398.1
2026	148286.5	142145.2	2076	145447.1	110476
2027	148589.6	142159.4	2077	145209.8	109556.9
2028	148863.2	142133.1	2078	144989.1	108647.6
2029	149121.3	142072.1	2079	144782.5	107744.1
2030	149378.4	141981.8	2080	144596	106851.7
2031	149645.3	141865.3	2081	144433.4	105974.1

年份	方案一	方案二	年份	方案一	方案二
2032	149929.9	141726.6	2082	144293.4	105110.6
2033	150231.1	141565.2	2083	144169.4	104255.4
2034	150543.2	141380.3	2084	144076.7	103425.5
2035	150856.3	141169.5	2085	144004.1	102611.7
2036	151160	140929.6	2086	143949.4	101813.9
2037	151445.2	140657.8	2087	143902.9	101025
2038	151704.4	140351.6	2088	143860.7	100243.4
2039	151931.1	140008.8	2089	143832	99481
2040	152120.6	139627.7	2090	143805.7	98729
2041	152266.1	139204.7	2091	143777.1	97984.5
2042	152365.8	138740.6	2092	143756.8	97259.6
2043	152417.2	138234.3	2093	143731.8	96542.9
2044	152419.5	137686.6	2094	143695.8	95828.5
2045	152372.4	137097.5	2095	143648.5	95116.8
2046	152276.6	136467.9	2096	143589.9	94407.3
2047	152135.2	135800	2097	143518.9	93698.3
2048	151952.5	135096.7	2098	143437.8	92991
2049	151733.7	134360.4	2099	143350.6	92287.7
2050	151485	133594.1	2100	143260.1	91589.2

附表2

中国人口预测主要结果(2)

年份	出生人口数(万人)	15—59岁劳龄适龄劳动人口数(万人)	劳动年龄人口中位数(岁)	老龄化系数(60+岁比例,%)	60岁以上老年人口抚养比(%)	老少比(60+/0—14岁人口,%)	老龄化系数(65+岁比例,%)	65岁以上老年人口抚养比(%)	老少比(65+/0—14岁人口,%)
2001	1702.5	83152.6	34.03	10.30	15.8	41.96	7.07	10.33	28.8
2005	1670.3	88819.9	35.34	10.94	16.1	51.72	7.65	10.75	36.2
2010	2184.2	92082	36.89	12.41	18.25	63.29	8.22	11.39	41.91
2015	2131.1	92441.9	37.44	14.71	22.44	74.52	9.37	13.22	47.49
2020	1936	92081.9	38.27	16.33	25.76	80.42	11.45	16.78	56.41
2025	1710.5	90303.5	38.56	19.34	31.69	98.61	12.89	19.09	65.7
2030	1703.3	88396.3	38.77	23.01	38.88	129.14	15.55	23.34	87.29
2035	1905.5	86685	38.46	25.47	44.32	149.18	18.63	28.97	109.14
2040	1917.6	85970.6	38.25	26.10	46.19	150.19	20.57	33.14	118.33
2045	1791.7	84037	37.68	26.94	48.84	150.39	20.92	34.2	116.79
2050	1660.5	80913.9	37.53	28.94	54.18	164.00	21.57	35.48	122.21
2055	1675.5	80278	37.77	29.52	55.15	174.02	23.31	39.01	137.41
2060	1762.7	80168.3	37.89	29.37	54.49	175.44	23.66	39.7	141.35
2065	1766.3	80474.6	37.98	28.48	52.33	166.69	23.45	39.44	137.24

方案一

续表

年份	出生人口数（万人）	15—59岁适龄劳动人口数（万人）	劳动年龄人口年龄中位数（岁）	老龄化系数（60+岁比例,%）	60岁以上老年人口抚养比(%)	老少比（60+/0—14岁人口,%）	老龄化系数（65+岁比例,%）	65岁以上老年人口抚养比（%）	老少比（65+/0—14岁人口,%）
2070	1685.5	79496.3	37.83	28.44	52.56	163.07	22.66	37.83	129.92
2075	1612.6	77584	37.71	29.46	55.32	170.39	22.71	37.84	131.31
2080	1621.9	76661.1	37.78	30.08	56.74	178.00	23.76	40.05	140.62
2085	1662.4	76507.7	37.87	30.13	56.71	179.96	24.45	41.56	146.03
2090	1658.1	76462.1	37.91	29.95	56.32	177.36	24.58	41.99	145.59
2095	1607.2	75592.3	37.81	30.39	57.75	178.90	24.5	41.88	144.27
2100	1566.4	74432.4	37.75	31.23	60.1	185.67	24.96	42.88	148.41
2001	1702.5	83152.6	34.03	10.30	15.8	41.96	7.07	10.33	28.8
2005	1670.3	88819.9	35.34	10.94	16.1	51.72	7.65	10.75	36.2
2010	1793.8	92082	36.89	12.48	18.25	65.30	8.27	11.39	43.24
2015	1757.9	92441.9	37.44	14.99	22.44	82.45	9.55	13.22	52.55
2020	1603.2	92081.9	38.27	16.83	25.76	94.39	11.81	16.78	66.21
2025	1413.6	89494.9	38.72	20.14	31.98	119.40	13.42	19.25	79.53
2030	1343.5	85740.9	39.41	24.21	40.09	157.19	16.36	23.98	106.22

方案二

续表

年份	出生人口数(万人)	15—59岁适龄劳动人口数(万人)	劳动年龄人口年龄中位数(岁)	老龄化系数(60+岁比例,%)	60岁以上老年人口抚养比(%)	老少比(60+/0—14岁人口,%)	老龄化系数(65+岁比例,%)	65岁以上老年人口抚养比(%)	老少比(65+/0—14岁人口,%)
2035	1364.1	82352.7	39.58	27.22	46.66	188.44	19.91	30.32	137.79
2040	1327.7	80158	40.07	28.44	49.54	200.97	22.41	35.32	158.34
2045	1231	76695	39.89	29.93	53.51	211.95	23.25	37.13	164.64
2050	1124.5	71296.9	39.33	32.82	61.49	237.53	24.45	39.61	177
2055	1072.8	67872.1	39.52	34.22	65.23	257.16	27.02	45.28	203.08
2060	1057	65003.3	39.72	34.97	67.2	269.45	28.18	47.89	217.12
2065	1023	62729	39.95	34.96	67.13	269.56	28.78	49.41	221.99
2070	960	59824.8	39.8	35.37	68.58	270.94	28.7	49.26	219.81
2075	894.7	56485.4	39.57	36.32	71.62	279.81	29.04	50.08	223.73
2080	854.4	53648.9	39.58	37.02	73.74	289.99	29.96	52.3	234.67
2085	830.6	51395.4	39.73	37.30	74.48	295.89	30.7	54.15	243.53
2090	800.4	49391.7	39.84	37.38	74.72	296.86	31.05	55.1	246.59
2095	757.5	47157.6	39.75	37.81	76.27	299.92	31.23	55.6	247.71
2100	714.6	44816.9	39.63	38.54	78.77	307.78	31.7	56.82	253.1

方案11

附表 3　　　　　　中国人口预测主要结果（3）——2050 年的

人口结构（方案一）　　　　　（单位：人）

年龄	男	女	年龄	男	女	年龄	男	女
0	8521621	7787432	34	10411260	9555274	68	9480741	9762698
1	8591207	7850672	35	10592571	9724324	69	7778450	7975288
2	8698367	7947874	36	10769551	9889808	70	7256902	7605078
3	8832020	8069653	37	10901482	10014287	71	7189217	7712405
4	8980253	8206203	38	10961757	10073255	72	6883738	7502664
5	9133815	8347913	39	10918480	10037467	73	6312675	6934865
6	9286033	8487914	40	10774876	9909736	74	6809954	7708437
7	9428849	8619317	41	9832855	9047680	75	6695825	7713506
8	9555770	8736028	42	9085993	8364956	76	6880964	8055479
9	9663051	8834677	43	8677850	7993723	77	6730167	7968061
10	9746867	8911814	44	8324913	7673268	78	6603505	8004426
11	9802391	8963053	45	8156234	7522835	79	6216398	7723475
12	9828450	8987482	46	8110628	7486472	80	6361235	8134171
13	9818214	8978748	47	8106063	7488997	81	5165313	6848174
14	9763398	8929253	48	8139383	7527371	82	5199190	7047752
15	9658004	8833526	49	8217640	7608134	83	3633781	5136266
16	9497355	8687375	50	8499996	7927010	84	3679411	5356590
17	9283878	8493110	51	8754503	8175734	85	3236077	4824698
18	9042665	8273510	52	9238411	8640792	86	2695921	4238400
19	8804028	8056328	53	9639459	9031287	87	2654546	4299220
20	8600982	7871757	54	9739637	9142930	88	1664932	2805448
21	8461033	7744932	55	9670936	9098572	89	734546	1327124
22	8393494	7684362	56	9803548	9246867	90	770341	1404894

续表

年龄	男	女	年龄	男	女	年龄	男	女
23	8401137	7692699	57	9857436	9321303	91	543050	1022505
24	8474596	7761293	58	9747190	9242760	92	552027	1082435
25	8597861	7875574	59	10256650	9757753	93	461505	966473
26	8772870	8037289	60	12293249	11461668	94	312334	704385
27	8982161	8230505	61	11554334	11051665	95	248427	579654
28	9210549	8441397	62	11140061	10768612	96	178982	442811
29	9452272	8664674	63	11728234	11475315	97	116932	302940
30	9681686	8876898	64	10214058	10037873	98	86420	230389
31	9883811	9064270	65	8873106	8757609	99	51064	142794
32	10072636	9239716	66	8620272	8686596	100 +	37382	105273
33	10245734	9400877	67	8305394	8544896			

附表 4　　　　中国人口预测主要结果（3）——2050 年的

人口结构（方案二）　　　　　　（单位：人）

年龄	男	女	年龄	男	女	年龄	男	女
0	5770716	5273535	34	8592841	7886362	68	9480741	9762698
1	5848404	5344290	35	8737570	8021372	69	7778450	7975288
2	5943347	5430557	36	8883935	8158224	70	7256902	7605078
3	6049598	5527405	37	8988682	8257156	71	7189217	7712405
4	6161660	5630558	38	9027479	8295760	72	6883738	7502664
5	6275361	5735409	39	8980653	8256003	73	6312675	6934865
6	6386892	5837949	40	8849061	8138549	74	6809954	7708437
7	6492112	5934719	41	8666976	7974901	75	6695825	7713506
8	6588481	6023287	42	8480260	7807293	76	6880964	8055479
9	6674106	6101962	43	8330736	7673974	77	6730167	7968061

续表

年龄	男	女	年龄	男	女	年龄	男	女
10	6748496	6170325	44	8226972	7582993	78	6603505	8004426
11	6811658	6228404	45	8156234	7522835	79	6216398	7723475
12	6861758	6274634	46	8110628	7486472	80	6361235	8134171
13	6896975	6307278	47	8106063	7488997	81	5165313	6848174
14	6914861	6324083	48	8139383	7527371	82	5199190	7047752
15	6914205	6323958	49	8217640	7608134	83	3633781	5136266
16	6895654	6307560	50	8499996	7927010	84	3679411	5356590
17	6864232	6279560	51	8754503	8175734	85	3236077	4824698
18	6828853	6248002	52	9238411	8640792	86	2695921	4238400
19	6799020	6221600	53	9639459	9031287	87	2654546	4299220
20	6784238	6209043	54	9739637	9142930	88	1664932	2805448
21	6792632	6217736	55	9670936	9098572	89	734546	1327124
22	6826453	6249714	56	9803548	9246867	90	770341	1404894
23	6891631	6310484	57	9857436	9321303	91	543050	1022505
24	6985798	6397807	58	9747190	9242760	92	552027	1082435
25	7105665	6508734	59	10256650	9757753	93	461505	966473
26	7260415	6651650	60	12293249	11461668	94	312334	704385
27	7439234	6816695	61	11554334	11051665	95	248427	579654
28	7629079	6991993	62	11140061	10768612	96	178982	442811
29	7829292	7176926	63	11728234	11475315	97	116932	302940
30	8017359	7350918	64	10214058	10037873	98	86420	230389
31	8178246	7500126	65	8873106	8757609	99	51064	142794
32	8324261	7635916	66	8620272	8686596	100 +	37382	105273
33	8463758	7765842	67	8305394	8544896			

附表5 中国人口预测主要结果（4）——2100年的

人口结构（方案一） （单位：人）

年龄	男	女	年龄	男	女	年龄	男	女
0	8114371	7438243	34	8930761	8196944	68	8076392	7860939
1	8128712	7451504	35	8982472	8245484	69	7753228	7607673
2	8156933	7476980	36	9015072	8276700	70	7454887	7379377
3	8196320	7512613	37	9026726	8288808	71	7200830	7197367
4	8243866	7556144	38	9016236	8280746	72	6994261	7071084
5	8296956	7605237	39	8983197	8252144	73	6836495	6998935
6	8352893	7656695	40	8928196	8203527	74	6719329	6971430
7	8408522	7707804	41	8852721	8136285	75	6622186	6970545
8	8460728	7755696	42	8759998	8053435	76	6543621	6995408
9	8506563	7797710	43	8655468	7959852	77	6462480	7028066
10	8543604	7831620	44	8546679	7862461	78	6356366	7051724
11	8569868	7855618	45	8443024	7770061	79	6219630	7055888
12	8583932	7868441	46	8354607	7692173	80	6040197	7020187
13	8585031	7869414	47	8290748	7637523	81	5814581	6928478
14	8573207	7858570	48	8259268	7613189	82	5552003	6799247
15	8549168	7836569	49	8263744	7622413	83	5250000	6621048
16	8514389	7804791	50	8304239	7665651	84	4910906	6397195
17	8471014	7765237	51	8377889	7740803	85	4570934	6143797
18	8422004	7720600	52	8477417	7840539	86	4193056	5854229
19	8370995	7674166	53	8596310	7959222	87	3783524	5501658
20	8321997	7629681	54	8725283	8089018	88	3346647	5083383
21	8279474	7591141	55	8855566	8221969	89	2892598	4591745
22	8247785	7562528	56	8980604	8351619	90	2429793	4060433

年龄	男	女	年龄	男	女	年龄	男	女
23	8230839	7547425	57	9093134	8470697	91	1860140	3282472
24	8231647	7548616	58	9185403	8572977	92	1420441	2653341
25	8251906	7567661	59	9253000	8655371	93	1106786	2194522
26	8291875	7604809	60	9291941	8714208	94	856007	1806388
27	8350121	7658733	61	9297603	8745248	95	667006	1497803
28	8423734	7726827	62	9268861	8747444	96	523229	1245701
29	8508731	7805384	63	9199830	8714439	97	410371	1031808
30	8600278	7890028	64	9082421	8638682	98	319555	847691
31	8693158	7976001	65	8909301	8512705	99	248900	695682
32	8782268	8058643	66	8680725	8337585	100 +	197789	585566
33	8862873	8133589	67	8394823	8112922			

附表6　　　　中国人口预测主要结果（4）——2100 年的

人口结构（方案二）　　　　（单位：人）

年龄	男	女	年龄	男	女	年龄	男	女
0	3701710	3393266	34	5151666	4728367	68	6099142	5936436
1	3737721	3426329	35	5202334	4775497	69	5987527	5875120
2	3777754	3462844	36	5246143	4816462	70	5880227	5820666
3	3820625	3501922	37	5282951	4851080	71	5780924	5778144
4	3865177	3542735	38	5312811	4879424	72	5688453	5750934
5	3910593	3584565	39	5336075	4901825	73	5608122	5741375
6	3956148	3626410	40	5353449	4918929	74	5538893	5746705
7	4000998	3667577	41	5365935	4931678	75	5472877	5760777
8	4044359	3707343	42	5374996	4941459	76	5415491	5789390
9	4085531	3745083	43	5382846	4950242	77	5352376	5820807

年龄	男	女	年龄	男	女	年龄	男	女
10	4124032	3780354	44	5392098	4960425	78	5264965	5840929
11	4159522	3812850	45	5405676	4974809	79	5151703	5844373
12	4191844	3842444	46	5426645	4996368	80	5001858	5813384
13	4221041	3869190	47	5457461	5027469	81	4811209	5732890
14	4247407	3893356	48	5500076	5069833	82	4588304	5619056
15	4271407	3915373	49	5555546	5124392	83	4336901	5469490
16	4293702	3935860	50	5623508	5191066	84	4053173	5279869
17	4315079	3955561	51	5703189	5269497	85	3770459	5067877
18	4336526	3975370	52	5792378	5357218	86	3458903	4829225
19	4359158	3996288	53	5888145	5451764	87	3119658	4536324
20	4384074	4019359	54	5986717	5550154	88	2756108	4186385
21	4412459	4045619	55	6084190	5648879	89	2379215	3776795
22	4445368	4076030	56	6176819	5744206	90	1995511	3334704
23	4483649	4111368	57	6260959	5832388	91	1639583	2893271
24	4527862	4152157	58	6333121	5910867	92	1325744	2476452
25	4578159	4198540	59	6390890	5978118	93	1062514	2106741
26	4634315	4250315	60	6433516	6033508	94	845937	1785137
27	4695634	4306837	61	6460882	6077052	95	667006	1497803
28	4761026	4367139	62	6471080	6107051	96	523229	1245701
29	4829110	4429926	63	6462580	6121610	97	410371	1031808
30	4898255	4493734	64	6432563	6118288	98	319555	847691
31	4966702	4556965	65	6378206	6094281	99	248900	695682
32	5032735	4618057	66	6302732	6053591	100 +	197789	585566
33	5094820	4675591	67	6206890	5998460			

第 五 章

政策建议与调整

我们 2006 年 1 月建议对"鼓励一对夫妇最好只生一个孩子"的现行生育政策（以下简称"现行生育政策"）做某些调整，是基于我们对 50 年来人口政策对生育率的影响比经济对生育率的影响更为显著的认识。我国的现行生育政策已经持续了 25 年，经历了风风雨雨，几代人为之努力，也有人说："一代人做出了牺牲"，究竟应该怎样评价它？历史已经做出了回答，这就是经过全党全国人民的艰苦努力，我国人口与计划生育工作取得举世瞩目的成就，赢得了今天的人口与社会经济的协调发展，有力地促进了综合国力的提高、社会的进步和人民生活的改善，为稳定世界人口做出了贡献，只有我们的国家、我们的人民才能做到这一点。

我国实施的现行生育政策与改革开放同行，经过 30 年的艰辛努力经济实现了快速增长，人民的生活得到了改善。1980 年名义 GDP 为 4545.6 元，人均名义 GDP 为 453 元、人均消费支出为 412.4 元。2000 年名义 GDP 为 99214.6 元，人均名义 GDP 已经增长到 7858 元，同期人均消费支出也随着增长到 4998 元。[①] 这充分说明控制人口增长对经济发展的压力已经得到改善，现行政策有了由严控到调整的经济条件。如果现行生育政策继续执行下去，我们将面临新的人口问题以及随之而来的各种社会问题。所以，

---

① 数据来源于国家统计局统计年鉴"研究报告/数据分析"，2008 年 12 月 31 日。

要缓解目前由于实施现行生育政策所产生的人口及社会问题，避免未来人口可能出现的畸形发展，对现行生育政策应该进行某些调整，这是人口政策面临的一个新的转折时期。当然能否进行调整并不是专家坐在书斋里就能决策的，要在通过对现行生育政策提出的背景、实施过程、结果及未来发展趋势分析研究的基础上，提出我们进行调整的建议。

一　实施现行政策是国情的选择

现行生育政策是在中国经济处于战略转移、人口快速增长严重制约生产力发展的背景下提出来的，当时的教育、就业、粮食、人民生活水平都面临人口快速增长的压力。周恩来同志早就意识到了人口与经济发展的矛盾。1969 年 3 月，他在全国计划座谈会议上说："文化大革命"中结婚的人多了，生孩子多了。打起仗来要人，但是多了也不好。要计划生育，要节育。

新中国成立以来的 1949—1973 年，总人口由 54545 万人上升到 89211 万人，净出生人口增加 50% 多；而同一时期，粮食生产从 11000 万吨增加到 24000 万吨，增加一倍多，但是人均占有量仅增加 35% 。当时国家提出了实行有计划地发展国民经济的方针，其中包括有计划地增长人口这样一条政策。

1975 年又制定了"五五"期间（1976—1980 年）的人口规划，要求到"五五"期末人口自然增长率农村降到 10‰左右、城市降到 6‰以内。1978 年五届人大一次会议的《政府工作报告》进一步强调：争取三年内把我国人口自然增长率降到 10‰以下。

邓小平同志在会见美国众议院议长艾伯特、众议院共和党领袖罗兹时说："我们这个国家还很落后。我们也有一些雄心壮志，看能不能在二十世纪末达到比较发展的水平。所谓比较发展的水平，比你们、比欧洲的许多国家来说，还是落后的。我们的人口多，有八亿人，人均国民收入还是很低的。钢要达到你们和欧洲、日本的水平，至少要五十年的时间，而到那时候，你们又发展了。所以，我们现在需要一个和平的国际环境来建设我们的国家。"①"人口增长要控制。争取到一九八五年把人口增长率降到千分之十以下，降不到这个水平不行，国家负担不起。在这方面，应该立些法，限制人口增长。"②

1979 年，邓小平同志讲："人口增长要控制"，并指出人口增长率控制不下来"国家负担不起，看在哪些方面应该立法，限制人口增长"。同年，李先念同志指出："实行计划生育降低人口增长率，是我们面临的一个战略问题。"

1979 年 12 月，陈慕华同志指出："最好只生一个，是计划生育工作上的战略转移。"1980 年 1 月，中央文件指出：计划生育要采取立法的、行政的、经济的措施，鼓励只生一胎。

一场牵动亿万家庭的计划生育活动便在全国范围内开展起来了。由于当时的核心问题是要遏止人口的过快增长，必然要牵涉制约人口再生产过程的诸多因素，例如结婚和生育的早晚，生育的间隔和生育的数量等。这是必须予以解决的政策问题。在计划生育工作实践中，按照人口规律的客观要求，根据控制人口过快增长必要性和可行性相统一，以及国家利益和家庭利益相结合的原则，逐步明确了计划生育的具体政策要求。

为进一步加强计划生育工作，到 20 世纪末达到小康水平，国民生产总值人均争取达到八百美元的水平上。1980 年 9 月 25 日，中共中央《关于控制我国人口增长问题致全体共产党员、共青团员的公开信》，向全国人民发出了号召：提倡一对夫妇只生一个孩子，这就是当时我们选择的符合我国国情的低生育政策。

---

① 中共中央文献研究室编：《邓小平思想年谱（1975—1997）》，中央文献出版社 1998 年版，第 5 页。

② 同上书，第 11 页。

二 调整现行生育政策是发展需要

对于我们这样一个人口大国，生育水平越低越好似乎已成我们的思维定式，因为我们害怕人多呀！可是，我们不能忽视人口由多到少并不是单纯数量的变化，它还关系到人口规模、结构以及与之相适应的社会全面发展问题。目前这些问题已经开始显现，如果继续执行现行生育政策，那这些问题将会更加突出。在制定、执行现行政策时，我们已经预测到可能出现的问题，所以，在公开信发表时也同样向全国人民做出了承诺："到 30 年以后，目前特别紧张的人口问题就可以缓解，也就可以采取不同的人口政策了。"问题的关键是我们是否已具备了采用不同政策的条件或时机了？我们研究认为，目前采用其他政策的条件和时机基本具备，重要的是如何把握平稳过渡。

当今世界的发展，是以人为本的全新的发展理念所构筑的新的发展框架，这一发展观已被世人所接受。《中国 21 世纪发展议程》的制定，充分体现了这一发展观，即以人为本的全面发展，人口发展也必须纳入这一发展框架之内，也要与时俱进，调整我们的发展理念和战略。

1980—2006 年，经历了 26 年，总和生育率已降到 1.6 左右，达到了较低水平，如果从 2006 年开始逐步调整"提倡一对夫妇只生一个孩子"政策，这说明是一代人政策。总和生育率如果继续低下去，目前和将来出现的人口问题是无法避免的，比如人口规模、人口结构、性别比等相关问题会更加凸显。

（一）未来人口形势发展严峻

对于我们这样一个人口大国来说，人口总量持续快速下降并不一定就是好事，因为它会使人口面临新的问题。如果按现行政策方案 1.68 来预测（方案二），我国总人口到 2050 年为 13.34 亿，2100 年为 9.16 亿；如果按现行政策调整后的 2.04 的方案预测（方案一），总人口数到 2050 年为 15.15 亿，2100 年将是 14.33 亿。见图 5—1。

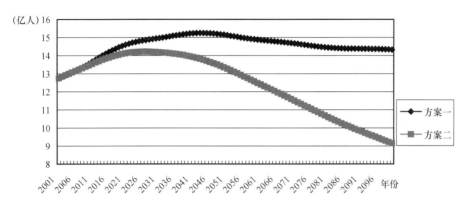

图 5—1　百年人口总数预测

　　如果我们继续执行现行生育政策，50 年后人口总数将减少 4.5 亿，年均缩减 900 万人，原因就是生育基数逐年减少，再加上我们执行的仍然是现行政策，所以，人口规模持续缩减，出现了少上再加少的趋势，这时人口面临的问题更加突出。据预测，到 2050 年我国总人口将由占世界人口的 22% 下降到 16.6%，第一人口大国的位置将由印度（15.3 亿）取代，也就是说到 2100 年我国人口占世界总人口的比例只有 10%（中方案的世界人口数）。50 年间，我国人口在世界人口中所占比例减少了 6.6 个百分点。这时可能有人会对我们继续实行现行生育政策提出更多的质疑。

　　如果我们按调整后的现行生育政策预测，即使是达到峰值人口也只不过是 152417.2 万，更值得关注的是到 2050 年，总人口已开始下降为 151485 万，到 2100 年降到了 143260.1 万，如果是这样，那么我们何乐而不为。

（二）人口结构快速老化

我国人口形势发展严峻并不是数量问题，而是由长期的低生育水平所导致的人口年龄结构性失衡。我们可以通过以下几项指标，看一看老年抚养、劳动力人口结构未来的变化趋势，这种变化趋势提醒我们必须做出选择。见表5—1。

表5—1　　　　　　　　老年抚养、劳动力人口发展未来的变化趋势

时间 项目	低生育水平政策		政策调整后	
	2050 年	2100 年	2050 年	2100 年
65 岁及以上老年系数（%）	24.45	31.7	21.57	24.96
65 岁及以上老年抚养比（%）	39.61	56.82	35.48	42.88
65 岁及以上老少比（%）	177.00	253.1	122.21	148.41
0—14 岁比例（%）	19.97	12.52	24.21	16.82
劳动力年龄人口数（万人）	71296.9	44816.9	80913.9	74432.4
劳动人口年龄中位数（岁）	39.33	39.63	37.53	37.75

由表5—1看出，如果按现行生育政策，我国未来人口结构存在的主要问题有：一是老年人口比例太大，到21世纪中叶，占总人口的24.45%，也就是说每10个人中就有2.5个65岁及以上老年人，到21世纪末占总人口的31.7%，那时每10个人中有3个65岁及以上老年人，显然老龄化程度非常严重。二是抚养比逐步升高，2050年为39.6%，2100年上升到56.82%。也就是说，21世纪中叶每10个劳动力要抚养4个65岁及以上老年人，21世纪末要抚养近5.7个老年人。

假如实行现行生育政策调整，到2050年，我国65岁及以上老年人口占总人口的比例只有21.57%，2100年这一比例为24.96%。这意味着21世纪中叶，每10个人中，只有2名65岁及以上老年人，21 世纪末每 10 个人中有 2.5 个 65 岁及以上老年人；老年抚养比也有较大改善，分别是 35.48%、42.88%。也就是说，21 世纪中叶每 10 个劳动力只抚养 3.5 个以上老年人，21 世纪末每 10 个劳动力只抚养 4 个老年人，老年人口比例、抚养比显然都在下降，由此可见，调整人口政策有利于减缓人口老龄化的压力。

老少比是少年儿童与老年人的比例，这个比例的大小直接反映了人口老化的程度。按现行生育政策推算，到 2050 年老少比为 177.00，有 100 个儿童就有 177 个老年人，到 2100 年老少比将上升到 253.1，人口年龄结构是一个倒金字塔，未来中国人口老龄化的速度和规模可能是世界上最快和最大的。即使 GDP 翻两番也很难应对，这样一个人口结构显然不是合理的。假如实行政策调整，老少比到 2050 年为 122.21，2100 年只有 148.41，由于少儿比例的增加，老化程度将明显得到改善，人口结构逐步趋于合理。

另外，劳动力人口不仅减少而且快速老化，按现行生育政策推算，到 2050 年，劳动力人口年龄中位数为 39.33 岁，2100 年为 39.63 岁。如果实行政策调整，到 2050 年劳动力人口年龄中位数将降至 37.53 岁，到 2100 年仍将保持在 37.75 岁，劳动力老化现象也得到了改善。

面对这种人口结构，需要通过调整现行生育政策，才能使其人口结构逐步趋于合理。可以看一下未来人口结构变化的两组人口金字塔。见图 5—2、图 5—3。

从这两组金字塔图明显看出，未来出生人口不断在减少，而老年人口却迅速增加。2050 年出生人口将近 2000 万，而到 2100 年，出生人口仅有 700 万，几乎是一个倒金字塔。

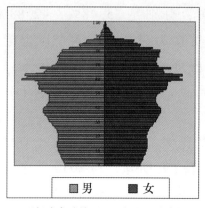
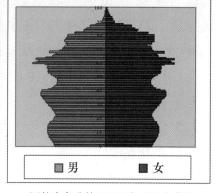

现行生育政策下2050年人口金字塔　　　调整生育政策后2050年人口金字塔

图 5—2　两种政策情况下 2050 年的人口金字塔

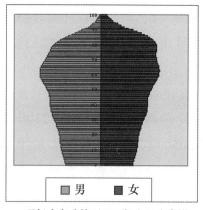

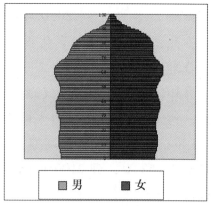

现行生育政策下2100年人口金字塔　　　调整生育政策后2100年人口金字塔

图 5—3　两种政策情况下 2100 年的人口金字塔

　　从两组金字塔图可以看出，现行生育政策调整后，由于出生人口数的增加，金字塔图底部明显在逐步加宽，倒金字塔得到修复，使人口结构逐步得到改善。

（三）性别比持续升高不可忽视

　　我国 1980—1986 年出生人口性别比一直在高位徘徊。

国家计划生育委员会 1988 年进行的 "2‰人口生育节育抽样调查" 数据显示：1980—1986 年人口出生性别比分别为 107.27、107.01、107.19、107.80、108.32、111.15、112.15。与 1990 年人口普查的 0—8 岁分年龄组性别比相比，1985—1989 年出生性别比分别为 109.12、110.11、110.59、111.75，性别比逐年升高这一趋势也已成事实。再看 2000 年人口普查的 0—10 岁分年龄性别比，20 世纪 90 年代出生性别比最低为 111.39，1999 年已达到 122.65，而 2000 年回落到了 111.75。除去普查偏差外，可能与我们逐步放开独女户、独生子女户有关，因为选择空间扩大了，人为干扰因素就少了，所以性别比有所回落。扣除普查及其他因素影响导致的偏差外，其主要原因是部分家庭和夫妇为了达到生男孩的目的，利用医疗 B 超手段进行胎儿性别检测，是男则生，是女则人工流产，然后再孕，再检测，直至生男孩为止，这是造成性别比失调的主要原因。

性别比失调与实施严格的生育政策不无关系，因为现行生育政策因素缩小了性别选择的空间，通过胎儿性别检测方法达到生育男孩的目的，这是生育成本最低、可靠性最大的一种手段。这种方法或手段在中国传统生育文化背景下得以蔓延，并致使出生性别比自 20 世纪 80 年代中期以来快速升高，这种解释可能更客观一些。另外出生漏报也是致使性别比失调的另一重要因素，而瞒报也是怕政策性的惩罚。

出生性别比升降既然与政策相关，那么，我们就应该适当调整政策，扩大生育选择空间，减少人为干扰因素，使性别比趋于正常。政策调整后，人口出生性别比将保持在 108.98，接近正常。

（四）生育政策要以人为本

21 世纪的国际社会，不论是富国还是穷国，都将面临社会发展观的一系列转变。这就是从以经济增长为核心的发展观向以人为本的科学发展观的转变,在其社会发展中人们所做的选择大大超出经济利用的范畴。人均 GDP 与人文发展指数 HDI 并非正相关关系。通过各国发展状况比较发现,尽管不少国家的人均国民生产总值很高,但他们的人文发展指数却很低。这说明物质财富与人类发展之间是有矛盾的,他们之间的联系是有条件的,主要取决于政府行为和人民参与。人们虽然向往财富,但他们更想得到健康、长寿,获得更多的知识和享有舒适的环境,并能在安全、享有充分民主的社会环境中生活和工作。所以,任何一个国家的任何一项政策,在其制定和执行过程中,应该始终将人作为自变量,也就是在其制定和执行政策时,必须以人的客观需求为参数,也就是说,必须是在维护人的各种权利的前提下实现其发展。发展是全面的,经济的快速增长要以人为本,增长的过程、结果都是为了改善人的生活质量,离开人类生活质量的发展是一种畸形发展。

新中国成立以来,特别是改革开放以来,经过全党全国人民的艰苦努力,我国人口与计划生育工作取得了举世瞩目的成就,为我国社会经济持续发展提供了可能。但是,我们在制定和执行人口政策时,有时考虑国家与长远利益多于个人和近期利益,有时就会出现用坚持国家利益这个大道理会伤害群众利益这个小道理,即"小道理服从大道理"。但是,无论何时何地我们都应始终坚持以人为本,充分体现在制定政策和执行政策之中。

三　选择调整时机,把握平稳过渡

1994 年 11 月,在国家计生委召开的专家会上,大多数专家认为,生育政策要调整到一对夫妇可普遍生两个孩子的建议。2004 年 6 月,"21 世纪中国生育政策研究"课题组提出两步到位的建议方案,本着平稳过渡的调整原则,为期 15 年:第一步,从 2005

年起，夫妇一方为独生子女者，可生育二胎；第二步，上述调整顺利实施后，从 2010 年起，逐步放开二胎生育条件：允许 35 岁以上妇女可生第二个孩子，以后每年降低 1 岁，直到 2020 年全面实行一对夫妇可生两个孩子。

我们建议，政策调整要选择人口出生低谷时期进行，避免出生人口多上加多的现象。所以提出尽快调整，因为现在人口出生正处于低谷时期。如果我们从 2006 年开始调整，出生人口为 1681万，如果我们推迟到 2011 年再去调整，这时正值人口出生高峰期，出生人口将在 1818 万以上。如果按总和生育率 2.04 调整，2006—2010 年调整到每对夫妇可以生育两个孩子，每年多出生人口为 400 万左右，这既保持了平稳过渡，又不会对未来人口总目标产生任何影响。假如我们绕过这个高峰期再去调整，人口面临的问题会更加突出，持续的时间会更长，比如人口年龄结构、性别结构的失衡问题，持续的时间越长，社会问题越多。所以晚调不如早调。见图 5—4。

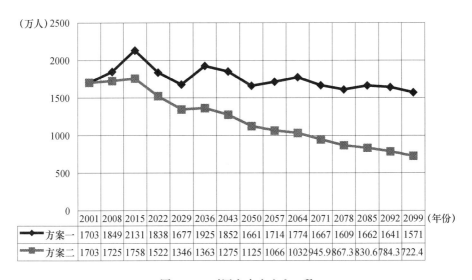

图5—4　不同方案出生人口数

四 现行生育政策调整的可行性

现行生育政策是否需要调整，要看是否具备调整的条件。也就是说进行调整的根据是什么？第一，群众迫切需要调整；第二，人口总量有调整的空间。所以，对现行生育政策进行调整是可行的、有条件的，也是必要的。

（一）群众有调整需求

回顾人口与计划生育工作取得伟大成果的今天，应该把功劳归功于那些积极响应党的号召、牺牲小家利益与我们共同努力的广大人民群众。就实际而言，无论是过去还是今天，大多数人最理想的意愿是生育两个孩子，如果政策调整后允许生育两个孩子，群众的生育需求得到了满足，就会减少性别选择的不良后果。根据两次较大规模的生育意愿调查显示，随着社会经济发展和人们观念的更新，人们的生育观念也发生了很大变化。据 2001 年全国计划生育/生殖健康调查数据表明，育龄妇女选择的理想子女数为一个孩子的占 35.35%，为两个孩子的占 56.58%。如果让人们自己选择生育几个孩子，绝大多数人选择生育两个孩子。

另据国家人口计生委 2002 年城乡居民生育意愿调查数据显示，在有计划生育政策的情况下，被调查者愿意生育一个孩子的占 32.4%，选择生育两个孩子的占 50.3%；在无计划生育政策情况下，选择生育一个孩子的占 24.3%，选择生育两个孩子的占 58%。这两次较大规模的调查数据表明，群众要求生育两个孩子的愿望是强烈的（因为在有计划生育政策的情况下，选择生育两个孩子的仍占大多数），反映了多数群众渴望生育两个孩子。那么能否考虑群众这种需要，这也是计划生育工作新时期"与时俱进"的转折点。

（二）人口总量调整的空间

如果按现行生育政策下总和生育率为 1.68 计算，到 2050 年总人口为 13.36 亿，距人口总目标相差 2.6 亿，21 世纪末总人口为 9.16 亿，距人口总目标相差 6.84 亿，所以说，政策调整空间是有的。关键是怎么来看中国人口目前与未来的发展走势，究竟是立足于数量越少越好、人口结构失衡问题可以暂时不考虑？还是数量与结构同时给予关注，既要考虑人口总量的变化，同时也要考虑人口结构失衡所引发的相关社会问题，通过调整政策缓解或减少由于多年实施低生育政策而引发的诸多社会问题。

如果按总和生育率 2.04 进行推算（根据相关调查数据，一对夫妇生育两个孩子是普遍要求），也就是按照一对夫妇可以生两个孩子测算，到 2050 年累计多出生 1.8 亿，总人口为 15.15 亿，距 16 亿人口目标相差 0.85 亿；2100 年累计多出生 3.4 亿，总人口为 14.33 亿，距 16 亿人口目标相差 1.67 亿，人口走势还是趋于下降，而不是持续增长。从人口规模、结构上看，也在朝合理的方向发展。所以，无论是从近期看，还是从长远看，政策调整是可行的，我国总体生育水平仍然保持在更替水平以下。

（三）政策调整的利与弊

改革开放以来，中国经济有了突飞猛进的发展，首先，它不仅促进了综合国力的强大，同时也大大地改善了人民生活，全民的医疗卫生状况、受教育程度也有了极大的改善和提高，进而引起人们的生活方式、观念的变化，传统生育观念逐步被新型生育文化取代，为人口控制创造了有利条件。其次，人口已经降到了更替水平以下，现行生育政策虽然抑制了人口的过快增长，但同时引发出的人口问题也正在显现出来，人口发展的客观实际需要有新的政策加以调整，以缓解人口和社会诸多问题的解决。最后，计划生育的健康发展和多孩生育需求的下降，为生育政策调整创造了条件。多年来，国家采取了多种计划生育利益导向措施，如提供避孕节育技术服务、制定有利于计划生育的劳动和社会福利政策，扶持计划生育家庭勤劳致富，对独生子女户发给一定数量的奖励，城市独生子女退休时，各地根据实际情况给予必要的补贴。采取很多有力措施，帮助计划生育户解决生产、生活、生育中的具体困难，积极发展社会保障事业，解决计划生育家庭的后顾之忧。由于计划生育自身工作的不断深入和健康发展，缓解了人们对生育需求的迫切性，对未来人口政策调整起到了积极作用。

为缓解由计划生育引发的一些副作用，调整"一对夫妇只生育一个孩子"政策，是适应当前人们的生育愿望和社会、经济发展的需要，也体现了党和国家在《公开信》中所说的"一代人"政策，要"择时而事"，时不可失。

五　生育政策如何进行调整

(一) 要充分做好思想和政策准备

要让群众了解调整政策并不是不要政策，计划生育仍然是我们的基本国策，千万不能动摇，必须让全国人民牢记这一点。过去我们执行严格的生育政策，是国情的需要、发展的需要，否则我们今天就是 16 亿人，而不是 13 亿人，综合国力、人民生活、国际竞争力都将是另外一种情景，所以我们向全国人民承诺过，这是"一代人"的政策，调整政策是人民的需要，也是发展的需要，虽然人口数量得到了控制，但同时也产生了一些负面影响，比如我们长期实施低生育政策，导致人口结构失衡，如果这种状况持续下去，同样也会给社会经济发展带来不利影响。我们建议调整的是"一对夫妇只生育一个孩子"政策，而过去与人口控制相关的一些政策、规定，是政策调整的根本保证，在调整过程中应不断加以完善，用以保证政策调整的预期目标，做好充分准备后才能逐步开始调整。

（二）做好试点工作

确保政策调整后不出现影子效应（连锁反应），我们可以选择一部分地区先试点，目的是了解现行生育政策下的生育状况、政策力度有多大，以观察政策调整后生育状况以及出现的问题，然后制定政策调整的应对措施，严格确定试点省以及调整时间，避免个别省市不经允许擅自进行调整，造成出生人口的反弹。如果试点后生育状况与预测的出生人口出入不大，对于个别地区出现的问题，要给予指导、纠正，可根据试点情况做出是否调整、什么时间调整等的决定。

（三）逐步调整，平稳过渡

根据我们的研究和预测结果可以看出，我国长期执行低生育政策，虽然控制了人口过快增长的势头，但同时也带来了人口结构的失衡以及由此引发的诸多社会问题，有必要通过生育政策调整逐步加以解决。课题组一致认为政策调整的客观条件是具备的，人口数量可调整的空间是存在的，群众也是有需求的，但是什么时间调整、如何调整要从我们的国情实际出发，综合地、全方位地考虑政策调整的可行性。

（1）生育政策调整的基本原则必须界定清晰，调整并不是取消，而是与时俱进地完善它，使它在人口控制中起到调节器的作用。确切地说，是通过生育政策的调整，使其既能有效地控制人口数量的增长，又有利于解决低生育水平带来的人口和社会问题。也可以说，生育政策的调整要坚持"紧的合理、放的有序"的原则，力争保持人口与社会经济协调发展。

（2）政策调整必须在认清我国未来人口发展形势的框架内，

来预测其可行性。不能脱离我国的实际，特别是人口发展的实际，人口过多的问题仍不容忽视。未来几十年，我国人口数量还将持续增长，预计年均净增 1000 万人以上。人口素质不高的状况在短期内难以得到根本的改变。劳动就业压力进一步加大。人口老龄化问题更加突出。人口与经济、资源、环境之间的矛盾依然尖锐。面对这样的人口形势，我们绝不能掉以轻心。人口政策更不允许失误，否则造成的后果将无法弥补。

（3）我们建议调整的是现行生育政策提倡的是"一对夫妇只生育一个孩子"，综合治理人口的其他相关政策保持不变。而且，我们认为这些政策是允许生育两个孩子政策贯彻实施的根本保证，丝毫不可放松，这是政策进行调整的根本性原则。

（4）政策调整可以采取"软着陆"方式进行：第一，可以采取分地区、逐步放开生二胎政策，即总和生育率在 1.8、出生率在 10‰以下、自然增长率在 5‰以下的省市可以先行调整，前期可调整的省市有 12 个，然后逐年扩大调整范围。例如，北京、天津、上海、吉林、辽宁、黑龙江、江苏、浙江、湖北、山东、内蒙古、重庆等省市，自然增长率都在 5‰以下，它们可以率先实行调整方案。第二，夫妇双方和夫妇一方为独生子女的家庭可生二胎，其他准生二胎的政策不变（取消生育八年的间隔）。这种逐步放开的调整政策，可以避免人口生育的大起大落，有利于缓解人口老龄化的冲击，避免人口年龄、性别、家庭结构畸形发展所带来的诸多社会问题。见表 5—2、图 5—5。

表 5—2　　　　　　　　2002 年部分地区人口变动分布　　　　（单位：‰）

地区	出生率	自然增长率
全国	12.86	6.45
北京	6.6	0.9
天津	7.4	1.45

续表

地区	出生率	自然增长率
上海	6.3	－3.192
浙江	9.98	3.79
江苏	9.17	2.18
辽宁	7.38	1.34
吉林	8.3	3.19
黑龙江	7.98	2.54
湖北	8.38	2.21
山东	11.17	4.55
内蒙古	9.06	3.68
重庆	9.36	3.28

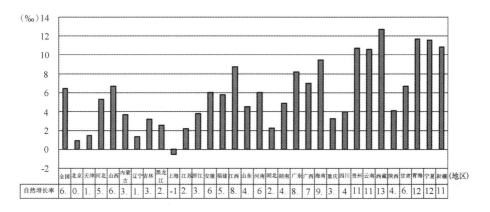

图 5—5　各地区自然增长率（2002 年）

上述建议，是我们依据研究的结果，向政府提出的具体调整办法。我们深知，由于我们研究水平的有限和对计划生育实际情况了解的欠缺，可能在分析或研究结果方面有不足之处，恳请领导和各位专家给予批评、指正，以便使我们的研究更加完善，使其能够为政府部门提供一个更符合实际的建议。关于现行生育政策是否能够调整以及怎样调整，必须由决策部门来决策，建议只能做参考。

参考文献

《胡锦涛在中央人口资源环境工作座谈会上讲话》（2004 年 3 月 10
日），新浪网（http：//news. sina. com. cn/c/2005 – 03 – 13/
00475343704s. shtml）。

《从实际出发不断完善生育政策》，《健康报》1986 年 8 月 15 日。

《关于加强人口与计划生育工作稳定低生育水平的决定》，《国务
院公报》2000 年第 18 号。

《坚决纠正有些地方的放松与自流现象要见诸行动》，《中国计划
生育报》1987 年 9 月 4 日。

《南京市市长和县长签署任期目标责任制》，《中国计划生育报》
1987 年 12 月 25 日。

《谈谈对流动人员的计生管理》，《健康报》1986 年 12 月 5 日。

《稳定生育政策，控制人口增长》，《陕西日报》1987 年 2 月
25 日。

《以改革总揽全局　坚决完成今年工作任务》，《中国计划生育报》
1988 年 1 月 29 日。

陈卫、孟向京：《中国生育率下降与计划生育政策效果评估》，
《人口学刊》1999 年第 3 期。

陈正：《人口生育政策的评价方法研究》，《人口学刊》2001 年第
1 期。

程中原：《中国特色社会主义理论体系形成过程的历史回顾》，

《当代中国史研究》2008 年第 5 期。

冯立天：《80 年代中国生育率的变动与社会经济因素的分析》，
　　《中国人口科学》1992 年第 1 期。

国家计划生育委员会：《计划生育工作通讯》增刊（1），1985 年
　　5 月。

国务院新闻办公室：《中国 21 世纪人口与发展》白皮书，新华社
　　北京 12 月 19 日电。

胡锦涛：《在中央人口资源环境工作座谈会上的讲话》，新华社北
　　京 2004 年 3 月 10 日电。

江泽民：《在庆祝中华人民共和国成立 40 周年大会上的讲话》，
　　《人民日报》1989 年 9 月 30 日。

江泽民：《致李铁映、何东昌同志的信》，《党史纵横》1991 年第
　　6 期。

李鹏：《关于制定国民经济和社会发展“九五”计划和 2010 年远
　　景目标建议的说明》，《人民日报》1995 年 9 月 25 日。

李鹏：《坚决贯彻治理整顿和深化改革的方针》，在第七届全国人
　　民代表大会第二次会议上的政府工作报告，1989 年 3 月 20 日。

梁义等：《衡南县有效扭转人口失控局面》，《中国计划生育报》
　　1987 年 1 月 27 日。

梁中堂、谭克俭、景世民：《20 世纪最后 20 年中国妇女生育水平
　　变动研究》，《中国人口科学》2000 年第 1 期。

陆杰华：《改革开放以来中国人口与经济关系问题研究的回顾与展
　　望》，《人口与经济》1999 年第 6 期。

马宾：《“七五”人口失控，问题正是出在“12 亿左右”和“开
　　小口子”》，《第五次全国人口科学讨论会论文选》，《中国人口
　　科学》杂志 1990 年专刊。

彭珮云：《在“第五次全国人口科学讨论会”上的发言》，《第五
　　次全国人口科学讨论会论文选》，《中国人口科学》杂志 1990 年

专刊。

全国人大教科文委:《研究与报告》1986 年第 42 期。

社论:《应该适当地节制生育》,《人民日报》1957 年 3 月 5 日。

王伟:《关于计划生育工作问题》,《人口与经济》1986 年第 2 期。

肖黎春:《世界低生育率国家生育率下降模式分析》,《上海社会
　　科学院学术季刊》1998 年第 3 期。

严梅福、张余周:《教育导致妇女生育率下降的起点程度和心理原
　　因新探》,《湖北大学学报》(哲学版) 1996 年第 4 期。

杨涛、Marjorie McElroy:《中国人口政策对生育率的影响》,《中国
　　人口科学》2000 年第 3 期。

尤丹珍:《期望孩子数的影响因素分析及对贝克尔生育率经济模型
　　的检验——来自四川省宣汉县的个案研究》,《南方人口》2000
　　年第 4 期。

翟振武等:《稳定低生育水平:概念、理论与战略》,《人口研究》
　　2000 年第 3 期。

张风雨:《中国孩次生育概率影响因素的多层次分析》,《中国人
　　口科学》1998 年第 1 期。

张为民:《关于妇女生育水平的讨论》,《人口研究》1997 年第
　　2 期。

赵峰:《生育率下降的经济分析理论框架》,《人口与经济》1999
　　年第 2 期。

赵旋:《中国最近 20 年少出生了多少人》,中国生育节育抽样调查
　　国际研讨会会议论文,1991 年。

赵紫阳:《沿着有中国特色的社会主义道路前进》,在中国共产党
　　第十三次全国代表大会上的报告,1987 年 10 月 25 日。

郑德方:《杭州共树区加强对个体户的计划生育管理》,《健康报》
　　1986 年 2 月 21 日。

左常青:《试论国民经济的发展与人口生产的计划化》,《人口学

刊》1981 年第 2 期。

［英］史蒂芬·霍金：《时间简史》，许明贤等译，湖南科学技术
　　出版社 1988 年版。

［美］古扎拉蒂：《计量经济学》（第三版），林少宫译，中国人民
　　大学出版社 2000 年版。

［苏联］苏联科学院经济研究所编：《政治经济学教科书》［修订
　　第三版（普及版）下册］，人民出版社 1959 年版。

［英］D. F. 韩德瑞、秦朵：《动态经济计量学》，上海人民出版社
　　1998 年版。

《陈云文集》第 3 卷，中央文献出版社 2005 年版。

《当代中国》丛书编辑部编辑：《当代中国的劳动力管理》，中国
　　社会科学出版社 1990 年版。

《邓小平文选》第 2 卷，人民出版社 1994 年版。

《毛泽东选集》第四卷，人民出版社 1991 年版。

《中国计划生育年鉴》，学苑出版社 1990 年版。

陈胜利：《中国人口研究》，吉林人民出版社 1990 年版。

陈胜利、张世琨主编：《当代择偶与生育意愿研究——2002 年城
　　乡居民生育意愿调查》，中国人口出版社 2003 年版。

国家统计局编：《伟大的十年》，人民出版社 1959 年版。

国家统计局人口与就业统计司编：《1990 年人口普查数据专题分
　　析论文集》，中国统计出版社 1995 年版。

国务院人口普办公室编：《中国 2000 年人口普查资料》，中国统计
　　出版社 2002 年版。

国务院人口普查办、国家统计局人口统计司编：《中国 1990 年人
　　口普查国际讨论会论文集》，中国统计出版社 1993 年版。

蒋正华主编：《1992 年中国生育率抽样调查论文集》，中国人口出
　　版社 1996 年版。

金冲及：《二十世纪中国史纲》，社会科学文献出版社 2009 年版。

栗秀真:《栗秀真文集》,中国人口出版社 2012 年版。

刘铮等:《人口统计学》,中国人民大学出版社 1981 年版。

陆懋祖: 《高等时间序列经济计量学》,上海人民出版社 1999 年版。

路遇:《新中国人口五十年》,中国人口出版社 2004 年版。

马宾主编:《中国人口控制:实践与对策》,中国国际广播出版社 1990 年版。

马宾主编:《中国人口控制:实践与对策》,中国国际广播出版社 1990 年版。

马寅初:《新人口论》,广东经济出版社 1998 年版。

彭珮云主编:《中国计划生育全书》,中国人口出版社 1997 年版。

宋健等:《人口预测和人口控制》,人民出版社 1982 年版。

孙沐寒:《中国计划生育史》,北方妇女儿童出版社 1990 年版。

邬沧萍、梁文达主编: 《中国人口发展战略研究》,武汉出版社 1988 年版。

杨魁孚:《中国人口与计划生育大事要览》,中国人口出版社 2001 年版。

杨魁孚、陈胜利、魏津生主编:《中国计划生育效益与投入评估》,人民出版社 2000 年版。

中共中央文献研究室编:《邓小平思想年谱 (1975—1997)》,中央文献出版社 1998 年版。

中国社会科学院人口研究中心编:《中国人口年鉴》,中国社会科学出版社 1985 年版。

周恩来:《光辉的十年》,人民日报出版社 1959 年版。

Darrat, A. F. and Al-Yousif, Y. K., "On the Long-run Relationship and Economic Growth: Some Time Series Evidence for Developing Countries", *Easter Economic Journal*, Vol. 25, No. 3, Summer 1999.

Dreze, J. and Murthi, M., "Fertility, Education, and Development: Evidence FromIndia", Population Council, Inc., 2001, From *Gale Database*.

Gelbard, A., Haub, C. and Kent, M. M., "World Population Beyond Six Billion", *Population Bulletin*, Vol. 54, No. 1, March 1999.

Granger, C. W. J, "Some Properties of Time Series Data and Their Use in Econometric Model Specification", *Journal of Econometrics*, Vol. 16, 1981.

Maddala, G. S. and Kim, In-Moo, *Unit Roots, Cointegration, and Structure Change*, Cambridge University Press, 1998.

Phillips, P. C. B., "Understanding Spurious Regressions in Econometrics", *Journal of Econometrics*, Vol. 33, 1986.

Sanderson, S. K., "An Evolutionary Interpretation of Fertility Decline: New Evidence", *Population and Environment*, Vol. 22, No. 6, July 2001.

后　记

　　本课题于 2006 年 1 月 5 日通过院内外相关学科专家评审，评审结果良好，上报院科研局后，因为种种原因没有及时结项。这项研究成果应该说回答了当时国家为什么提出一对夫妇只生育一个孩子政策的相关问题。我国是人口众多的国家，实行计划生育是我国的基本国策。国家采取综合措施，控制人口数量，提高人口素质。为了实现人口与经济、社会、资源、环境的协调发展，推行计划生育，维护公民的合法权益，促进家庭幸福、民族繁荣与社会进步，根据《宪法》，制定了《计划生育条例》。20世纪 80 年代初人口政策调整时，目标是控制一代人的生育率，国家当时就承诺这是一代人的政策，即 25—30 年。这告诉国人，计划生育政策随着人口形势变化，是可调整的。早在 2004 年初秋，刚卸任全国人大常委会副委员长一职的彭珮云（曾任国家计生委主任），在河北保定召开了一次会议，专门听取主张放开二胎的专家意见，时任国家计生委主任张维庆也出席了会议。特邀参加会议的有中国社会科学院、国家计划生育委员会统计司、中国人口情报中心、中国人民大学等单位的领导和专家。战捷代表中国社会科学院在会上提出了"软着陆式的调整建议"，对于生育率低于 10‰、人口自然增长率低于 5‰的地区和省市，可从 2006 年开始实行调整，经过 10 年时间，再平稳过渡到全国开放二胎。当时经过测算有 12 个省级行政区可以首先开放二胎政策。

正好到 2016 年，全国育龄妇女都可以自愿选择生育两个孩子。这是本书在十年之后选择出版的重要价值。然而，国外有些人却说，计划生育对中国有毁灭性影响。如罗纳德·科斯说："如果中国继续执行独生子女政策可能最终消失，中国至少需要两个子女的人口政策，才能维持人口增长。"[①] 这些都是对中国人口生育政策和人口形势的误判，因为一孩政策并不是我们的永久性政策，他们不了解中国国情。中国 50 年的人口生育政策的实践已经证明人口政策到了该调整的时候。

我们通过对新中国 50 年人口政策的演变、执行力度和结果的研究，发现人口政策对人口变动的影响是显著的。研究结果表明，在我们选择的五个解释变量中，人口政策变量是调控人口数量的决定性因素。当然，近 30 年对生育的严厉控制，造成了人口结构老化、性别比失调等社会问题，同时也出现了许多人们不愿看到的过激行为，以及干群关系恶化等社会现象，这些问题国家也在通过各种办法进行纠正和解决。对此，我们在研究结果的基础上，首先提出未来人口政策可调整的政策建议。这在第五章做了充分论证。

当前，国家依据人口发展变动形势和社会发展的实际，做出生育政策的调整即普遍放开二胎政策的决定，是及时的、符合国情的英明决策。但是，放开二胎政策并不是对一孩政策的否定，如果没有一孩政策的严控结果，今天的人口总量就不是 13 亿或 14 亿，而是 16 亿或 17 亿，如果是这样的人口形势，不可能提出放开二胎的生育政策调整。我们这项研究成果，正是说明了国家提出一对夫妇只生育一个孩子的生育政策是国情的选择，我们在政策分期研究中，做了详细的论述。目前，在国家实行放开二胎政策后，仍有一种观点认为，当初国家就不应提出一对夫妇只生育

---

① 参见"意见中国——网易经济学家采访录"关于罗纳德·科斯的访问。

一个孩子的政策，人多是一种"人力资源"，这种观点不敢苟同；还有一种观点认为，中国人口生育率下降，是经济发展的结果，不需要实行计划生育。可惜，当时中国的经济是不发达的，多子多福、养儿防老的观念还占主导地位，人们不可能自觉放弃自然生育的观念。所以，那个时期只能采取生育政策干预，先把人口数量降下来是首要的，别无选择。对此，目前众说纷纭，各有建树。

我们这项研究成果，是由多年从事人口学、系统工程学、社会学、经济学的专家和从事计划生育工作的相关领导，用了将近五年的时间完成。该项研究有别于其他研究之处就在于，它是在对中国 50 年人口政策演变历程的梳理，是在翻阅、查找大量文献资料、数据预测的基础上，运用最新统计方法，对中国 50 年的人口政策从定性分析到定量分析所做出的评价。研究是非常严谨的。

本书从定性到定量，进行了系统分析和论述，不仅论证了人口政策对人口数量变动的影响，而且对由于执行一孩政策而造成的人口结构、性别比失调等重要问题也作了分析论证。在今天来看，当时的观点可能过于超前，与当时的人口政策有些不一致的地方，对此可以理解。

参与本课题研究报告撰写的人员有：（按报告撰写顺序排名）

战　捷：中国社会科学院院人口与劳动经济研究所，研究员；

萧振禹：中国老龄科学研究中心，研究员、高级统计师；

林　宝：中国社会科学院人口与劳动经济研究所，研究员；

何新华：中国社会科学院研究生院世界经济与政治研究所，教授、博士生导师；

袁建华：航天科技集团经济运行分析和财务分析管理中心主

任，研究员、博士生导师；

于景元：中国系统工程学会副理事长、国家软科学研究指导委员会委员，研究员、博士生导师。

另，本书照片全部由萧振禹摄制提供。

本书得以顺利出版，中国社会科学院离退休干部工作局给予了大力支持，本书责编编辑王琪同志也付出了辛勤努力。在此一并表示衷心感谢。

战　捷
2017 年 10 月再次修改